JIANGHUAI
YUYANXUE

曾良　主编

江淮语言学

第一辑

广陵书社

图书在版编目（ＣＩＰ）数据

江淮语言学. 第一辑 / 曾良主编. -- 扬州 ：广陵书社，2024.3
ISBN 978-7-5554-2130-6

Ⅰ．①江… Ⅱ．①曾… Ⅲ．①江淮方言－语言学 Ⅳ．①H172.4

中国国家版本馆CIP数据核字(2023)第182362号

书　　名	江淮语言学（第一辑）
主　　编	曾　良
责任编辑	王浩宇

出版发行　广陵书社
　　　　　扬州市四望亭路 2-4 号　　　　邮编　225001
　　　　　（0514）85228081（总编办）　　85228088（发行部）
　　　　　http://www.yzglpub.com　　　　E-mail:yzglss@163.com

印　　刷	无锡市海得印务有限公司
装　　订	无锡市西新印刷有限公司
开　　本	787 毫米 × 1092 毫米 1/16
印　　张	12
字　　数	200 千字
版　　次	2024 年 3 月第 1 版
印　　次	2024 年 3 月第 1 次印刷
标准书号	ISBN 978-7-5554-2130-6
定　　价	80.00 元

卷首语

"千淘万漉虽辛苦,吹尽狂沙始到金。"《江淮语言学》第一辑终于付梓,本书是安徽大学语言学与汉语史研究中心献给各位读者的一份礼物。

安徽襟江带淮,昔有吴头楚尾之称,自古人文荟萃,文化昌明。

安徽是文化大省,历史上确实有许多辉煌。在安徽,我们不仅仅有闻名遐迩的"徽州民间文书",历史上更有令人骄傲的皖派学术。就传统小学(语言文字学)方面,从明代的方以智,到清代的黄生、江永、戴震、江有诰,在明清时期安徽群星灿烂。中国学术史上的乾嘉学派久负盛名,而以戴震为代表的皖派是其中坚。皖派学术考究精研,深谙义理,"综形名,任裁断"(章太炎语)。以黄生、江永开其端,至戴震而集大成。戴震精通小学、测算和典章制度。戴震的门生段玉裁和王念孙继承其小学,是清代语言文字学的两面旗帜,一直滋养着今天的中国语言文字学;曲阜孔广森继承了其测算之学;兴化任大椿继承了其典章制度之学。刘师培在《近代汉学变迁论》中说:"江、戴之学,兴于徽歙,所学长于比勘,博征其材,约守其例,悉以心得为凭。且观其治学之次第,莫不先立科条,使纲举目张,同条共贯,可谓无征不信者矣。"没有皖派学问,就没有乾嘉学派考据之学的辉煌,就没有清代中国学术的辉煌。

安徽处于中西部不发达地区,在过去经济增长优先的情况下,无暇顾及人文学科的发展。面对安徽先贤,面对这么厚重的文化遗产,正如习近平总书记在哲学社会科学工作座谈会上指出:"要重视发展具有重要文化价值和传承意义的'绝学'、冷门学科。这些学科看上去同现实距离较远,但养兵千日、用兵一时,需要时也要拿得出来、用得上。"我们要高度重视中华优秀传统文化的传承与弘扬,优秀传统文化是一个国家、一个民族传承和发展的根本,如果丢掉了,就割断了精神命脉。安徽大学作为安徽省的文科研究重镇和排头兵,勇担弘扬中华优秀传统文化的重要使命,依托学校文、史、哲等传统人文学科优势,继续发扬皖派的实事求是、无征不信的治学精神,聚焦安徽丰富的传统文化资源和皖派学术独特资源优势,传承和发展好皖派学术的优良传统,深入研究古籍文献和中华语言文字,在新形势下力争有长足的发展,并像皖派学术那样在一些研究领域在全国有举足轻重的作用。

安徽大学是毛泽东主席1958年亲笔题写的校名,毛主席在信中说:"沿途一望,生气蓬勃,肯定是有希望的,有大希望的。""合肥不错,为皖之中。"字里行间透露出伟人的自信,有很高的期许。在新的历史时期,面临新的机遇。我们在"为皖之中"的安徽大学,编纂《江淮语言学》,以语言学与汉语史为研究重心,将立足安徽,坚持学术原始创新,广泛联结海内外学者共同前进;继承皖派优良学术传统,开辟更广阔的未来。

安徽大学语言学与汉语史研究中心

目 录

《洛闽语录》俗语词探略 *

徐时仪 〔韩国〕李景远

摘　要　《洛闽语录》大致传承了《语录解》的编排体例,所释多为唐宋以来的方俗口语词,从中可略窥其与《朱子语类》的渊源及关联。

关键词　《洛闽语录》;《朱子语类》; 俗语词

引言

李义凤所编《古今释林》分内篇和外篇。内篇分为别国方言、历代方言、洛闽语录、道家语录、释氏语录、传奇语录,外篇分为华汉译语、东韩译语、三学译语、四夷译语、元明吏学、罗丽吏读,共十二部分,四十卷。其中卷十四至卷十五为《洛闽语录》,分一字类至六字类编排,每类中再分释天、释地、释心等。卷十六至卷十七为《洛闽语录》续录,分一字类至七字类编排,每类中再分释火、释名、释言等。《洛闽语录》所释多出自退溪李滉和眉岩柳希春的《语录字义》和《语录解》。据李基文解题:"解出溪门溪训者,退溪李先生解也。眉训者,眉岩柳希春仁仲解也。春训者,同春宋浚吉明甫追解也。增注者,完山李义凤伯祥集解。"①《语录解》收释了《朱子文集》《朱子语类》《近思录集注》《心经附注》等宋明儒家文献中 1050 个词语,其中多为唐宋以来的口语词和俗

---

*　基金项目:国家社会科学基金重点项目"朱子语录词语汇释"(编号:18AYY018)阶段性成果;本研究还得到大韩民国教育部韩国研究基金会和韩国研究学院韩国研究促进处的支持(AKS-2018-KFR-1250001)。This work was supported by Korean Studies Foundation Research through the Ministry of Education of the Republic of Korea and Korean Studies Promotion Service of the Academy of Korean Studies (AKS-2018-KFR-1250001).

① 退溪李滉和眉岩柳希春有《语录字义》和《语录解》。

语词。①李义凤在《古今释林》小题曾提道:"予于庚午冬年十八,始阅《朱子语类》及《四书》小注,苦语录难解,有人授以郑抱翁编溪门《语录解》,不啻昏衢之烛。"其所编《洛闽语录》大致传承了《语录解》的编排体例。本文拟参较《洛闽语录》与《朱子语类》以略窥二者所释俗语词之渊源。

一、安排

安排　사름이　힘드려　구틔여　버림즈다。◇【增注】建安叶氏曰:安排,即是著意强为,非真自得也。◇新安陈氏曰:安排者,以私意揣度之而不循其自然也。◇退溪曰:安是安顿之安。排,排布也。安顿排布皆用意措置之谓。◇按:《庄子·大宗师》"安排而去化"注,郭氏象曰:排,推移之谓,谓安于推移也。(卷十五527—528)②

按:"安排"在先秦时有"听任自然变化"义。如《庄子·大宗师》:"造适不及笑,献笑不及排,安排而去化,乃入于寥天一。"郭象注:"安于推移而与化俱去,故乃入于寂寥而与天为一也。"由"听任自然的变化摆布"联想引申有"处理,处置"义,如《朱子语类》:

曲是体段不直,既为整直,只消安排教端正,故云正直。(18.424)③

如"志道,据德,依仁,游艺",将来安排放身上看。(34.870)

渠当初一面安排,作太平调度,以奉高宗,阴夺其权,又挟房势以为重。(131.3162—3163)

又引申有"刻意做作,人为的用心思"义,即"著意强为""以私意揣度之而不循其自然""用意措置"。如《朱子语类》:

如今恁地勉强安排,如何得乐。(56.1335)

---

① 《韩国民族文化大百科辞典》被称为朝鲜中期最早刊行的中国俗语辞典。韩国精神文化研究院韩国民族文化大百科辞典编纂部:《韩国民族文化大百科辞典》Vol.14"语录解"条,熊津出版社1993年版,第873页。

② 本文所据为亚细亚文化社1997年刊行韩国学古辞典《古今释林》,括号内为卷数和页码。下同。

③ 本文所据如未特别注明皆为王星贤点校本,中华书局1986年版。括弧内为卷和页。

佛氏要空此心,道家要守此气,皆是安排。（113.2742）

太史公将他与申、韩同传,非是强安排,其源流实是如此。（125.2998）

又如《慧南禅师语录》:"古人随时一言半句,亦无巧妙;今人用尽心力安排,终不到他境界。"周辉《清波杂志》卷九:"积从胡瑗学,一见,异待之。尝延食中堂,二女子侍立。将退,积问曰:'门人或问见侍女否,何以答之?'瑗曰:'莫安排。'积闻此言省悟,所学顿进。"

二、鏖糟

鏖糟　◇【眉训】杂秽也。◇【春训】尽死杀人曰鏖糟。◇【增注】《霍去病传》鏖糟皋兰下注,尽死杀人为鏖糟。鏖,于刀切。◇《辍耕录》鏖糟,俗语以不洁为鏖糟。（卷十四476）

按:"鏖糟"有"界限不明"义。[①]如《朱子语类》:

这"利"字是个监（平声）界鏖糟的物事。若说全不要利,又不成特地去利而就害。若才说着利,少间便使人生计较,又不成模样。（36.948）

朱熹所说"监界鏖糟的物事"中"监界"和"鏖糟"并举,在表"界限不明"时义相近,"鏖糟"又进而引申有"纷繁杂乱,不纯净"义,即"杂秽""不洁"。如:

子路譬如脱得上面两件鏖糟底衣服了,颜子又脱得那近里面底衣服了,圣人则和那里面贴肉底汗衫都脱得赤骨立了。（29.754）

缘是他气禀中自元有许多鏖糟恶浊底物,所以才见那物事便出来应他。（27.703）

某尝说,须是尽吐泻出那肚里许多鏖糟恶浊底见识,方略有进处。（72.1818）[②]

考元陶宗仪《南村辍耕录》卷十:"俗语以不洁为鏖糟。"今吴方言指肮脏

[①] 姜勇仲《释"鏖糟"》认为"鏖糟"是源于"奥渫""燠糟"的复合词。《周口师范学院学报》2008年第1期。

[②] 以上皆沈僴录,沈僴为浙江永嘉人。元陶宗仪《南村辍耕录》卷十:"俗语以不洁为鏖糟。"明顾起元《客座赘语》卷一《方言》:"南都方言,言人物之长曰'媌条',美曰'标致'。蠲曰'干净',其不蠲曰'龌龊',曰'邋遢',曰'腤臢',曰'鏖糟'。"据《汉语方言大词典》,"鏖糟"的"肮脏"义在中原官话、西南官话、吴语、赣语、闽语中仍在使用。今吴方言指肮脏污浊,亦用来指心情烦乱。

污浊，亦用来指情绪烦乱。

三、揣摩

揣摩 《史记》注，揣情摩意。又揣，定也。摩，合也。（十六续690）

按："揣摩"有"估量推测"义，即"揣情摩意"。如《朱子语类》：

逆诈，是那人不曾诈我，先去揣摩道，那人必是诈我。（11.184）

天下事那里便教自家做？知他临事做出时如何？却无故平日将此心去扭
捏揣摩，先弄坏了！（73.1848）

徐问文中子好处与不好处。曰："见得道理透后，从高视下，一目了然。今
要去揣摩，不得。"（137.3267）

又作"揣摸"。如《朱子语类》：

今之学者不曾亲切见得，而臆度揣摸为说，皆助长之病也。（9.158）

如不曾下工夫，一时去旋揣摸他，只是疏阔。（9.159）

若白地将自家所见揣摸他本来意思不如此，也不济事。（84.2186）

《朱子语类》中又作"搏摸"。如：

如一碗灯，初不识之；只见人说如何是灯光，只恁地搏摸，只是不亲切。
只是便把光做灯，不得。（97.2484）

四、大拍头

大拍头 拍音粨，乐之曲曰拍头，言其专主谈论也。拍头，拍之题头也。
自负其才，与人争论必作气势。高谈大论，无所忌惮之意。如今用拍板以节乐
也。头如词头、话头、歌头之头，谓奏曲之一头段。大拍头，大张乐也。◇【增注】
退溪曰：乐有拍板，如今乐所用拍板也。牛僧孺以拍板为乐句，韩退之大称赏。
又王维见乐，按乐图曰：此霓裳第三叠拍也。又虞美人，草有为虞美人曲则应
拍而舞。又霓裳曲散序六遍无拍，中序始有拍。今以此等语参详，拍者乃乐和
之名，合九板或六板，绳穿而手拍之，出声以表乐曲之节，故谓之拍。如蔡琰胡
笳分为十八拍。头者，一拍之题头也。大拍头者，言张皇作曲拍，如今云大

作长歌之类。以比子静,自是已见。其论学,大张皇作气势,厉声胡乱说道,无忌惮也。◇又曰:奏乐之初,伫拍以始之所谓拍头。大拍头,侈大其拍头。(卷十五 566—567)[①]

按:"大拍头"是一种拍东西的器具,由于空气阻力的缘故,拍子越大,看上去气势很大,而实际效果越小,用来喻指虚空不着边际的声势就显得很形象生动,即"高谈大论无所忌惮""大张皇作气势"。如《朱子语类》:

盖才放退,则连前面都坏,只得大拍头居之不疑,此其所以驾虚而无实行也。(42.1091)

此条是吕焘所录,例中"只得大拍头居之不疑"意谓只得凭着空的声势。又如:

今人往往过严者,多半是自家不晓,又虑人欺己,又怕人慢己,遂将大拍头去拍他,要他畏服。(108.2689)

此条是沈僩所录,例中"大拍头"谓虚张声势,将虚空不着边际的道理去压服人。又如:

钦夫言自有弊。诸公只去学他说话,凡说道理,先大拍下。然钦夫后面却自有说,诸公却只学得那大拍头。(123.2961)

此条是吴必大所录,意谓钦夫凡说道理,先从大处、虚处造声势,然后说到实处。诸公却只学得那大的虚空的声势。再如:

(商)鞅又如何理会得帝王之道!但是大拍头去挥那孝公耳。他知孝公是行不得,他恁地说,只是欲人知道我无所不晓。(134.3215—3216)

商鞅先以帝王说孝公,此只是大拍头挥他底。它知孝公必不能用得这说话,且说这大话了,却放出那本色底来。(134.3216)

两例是黄义刚和林夔孙所录,皆意谓虚张声势地谈论一些帝王之道。朱熹文集中也有用例。如《答詹元善》:"见其平日大拍头、胡叫唤,岂谓遽至此

---

① 大拍头,南二星、宋浚吉编《语录解》释云:"乐之一曲曰拍头。言其专主谈论也。拍,拍之题头也。自负其才,与人争论必作气势。高谈大论,无所忌惮之意。如今用拍板以节乐也。头,如词头、话头、歌头之类,谓奏曲之一头段。大拍头,大张乐也,以比大作气势也。"

哉？"①

五、动不动

动不动　动与不动②之间，如动辄之意。◇【增注】退溪曰：只是动辄之意。不动字，不须实看。◇老村曰：음즉ᄒ쟈마쟈ᄒ제.（卷十五 575）

按："动不动"有"往往；常常，每每"义，即"动辄"。如《朱子语类》：

庄子所谓"其热焦火，其寒凝冰"。凡苟免者，皆幸也。动不动便是堕坑落堑，危孰甚焉！（78.2013）

上之人分明以贼盗遇士，士亦分明以盗贼自处，动不动便鼓譟作闹，以相迫胁，非盗贼而何？（109.2694）

今只州县学里小小补试，动不动便只是请嘱之私。（109.2703）

又如朱熹《答许顺之》："今动不动便先说个本末精粗无二致，正是鹘仑吞枣。"冯梦龙《挂枝儿·惧内》："略犯他些规矩也，动不动有几夜吵。"

六、睹当

睹（睹）当　疑是商量见得之意。◇【春训】아모거스로나기ᄒ다.（卷十四 447）

按："睹当"有"识认识别"义。如《朱子语类》：

自家今且剖判一个义利。试自睹当自家，今是要求人知？要自为己？（119.2873）

亦须是要睹当得是礼与非礼。（41.1052）

按：此条是陈文蔚所录，检李闳祖所录为：

问："须是识别得如何是礼，如何是非礼？"（41.1060）

例中陈文蔚所录"睹当"与李闳祖所录"识别"义近。"睹当"是表达识

---

① 吕焘是江西南康人，沈僴是浙江永嘉人，吴必大是湖北兴国人，黄义刚是江西临川人，林夔孙是福建三山人。"大拍头"似是南方一带口语。

② 动，原文误作"同"，据文意改。

别概念的词语类聚成员,侧重于"忖度识别"的知晓。又作"觑当"。如:

文蔚又言:"近来觉有一进处:畏不义,见不义事不敢做。"先生曰:"甚好。但亦要识得义与不义。若不曾觑当得是,颠前错后,依旧是胡做。"(114.2753)

引申有"斟酌安排"义,即"商量见得"。如《朱子语类》:

忠恕一贯。圣人与天为一,浑然只有道理,自然应去,不待尽己方为忠,不待推己方为恕,不待安排,不待忖度,不待睹当。(27.698)

简则有个睹当底意思。看这事可行不可行,可行则行,不可行则止,所以谓之顺。易则都无睹当,无如何、若何,只是容易行将去。(74.1882)

虽是如此,然君子之心却只见道不见禄。如"先难后获","正义不谋利",睹当不到那里。(45.1166)

又作"赌当""觑当"。

若此心上工夫,则不待商量赌当,即今见得如此,则更无闲时。(12.202—203)

熟底是仁,生底是恕;自然底是仁,勉强底是恕;无计较、无觑当底是仁,有计较、有觑当底是恕。(6.116)

七、方便

方便　多般计较得其好处谓之方便。◇【增注】退溪曰:犹言顺便。◇农岩曰:方犹术也。便,便宜也。凡事非正法而取便一时者谓之方便。《楞严经》世尊开示方便。方便盖出于佛氏。(卷十五527)

按:"方便"语本佛经,意谓以灵活方式因人施教,使悟佛法真义。如《维摩经·法供养品》:"以方便力,为诸众生分别解说,显示分明。"《坛经·般若品》:"欲拟化他人,自须有方便。"引申有"便宜行事""给予便利或帮助"义,即"取便一时者"。如《朱子语类》:

做一方便事,也是仁。(6.116)

或问:"'仁术'字当何训?"曰:"此是齐王见牛觳觫,而不忍之心萌,故以羊易之。孟子所谓'无伤',盖能获得齐王仁心发见处。'术',犹方便也。"

（51.1222）

八、骨董

骨董　杂也。◇【春训】义见三字类。◇【增注】退溪曰：混杂也。古有罗浮颖老，取饮食杂烹之，名曰骨董羹。陆道士诗，"投醪骨董羹"。◇《言鲭》曰：今卖杂玩宝货肆曰骨董铺，取饮食杂烹之名曰骨董。俗讹为古董。◇尤庵曰：南人杂鱼肉置饭中，谓之汨董羹，谓杂乱不切之事也。骨，通作汨。（卷十五554）

闲汨董　힘힘코 잡되다.◇【春训】闲，闲漫也。汨董，南人杂鱼肉置饭中谓之汨董羹。谓杂乱不切之事也。（卷十五582）

闲柑董　서근 나모 등걸.◇【春训】汉语犹朽株橛也。◇【增注】按：考之字书无柑字，似是闲汨董之讹。（卷十五582）

按："骨董"本指各种杂物。如朱熹《答江德功》："熹之鄙意窃愿德功放下日前许多玄妙骨董，即就日用存主应接处实下功夫，理会个敬肆义利、是非得失之判。"又如《朱子语类》：

若不先去理会得这本领，只要去就事上理会，虽是理会得许多骨董，只是添得许多杂乱，只是添得许多骄吝。（84.2181）

若如此说，即是孔、颜胸次全无些洒落底气象，只是学得许多骨董，将去治天下。（94.2401）

若如耿说，却是圣人学得些骨董，要把来使，全不自心中流出。（132.3181）

按：诸例中"骨董"指事物的琐碎细节，有"杂乱琐碎"义，即"杂乱不切之事"。亦作"汨董"。如：

今人既无本领，只去理会许多闲汨董，百方措置思索，反以害心。（7.125）

如公所说，只是要去理会许多汨董了，方牵入这心来，却不曾有从这里流出在事物上底意思。（108.2687）

买卖古器物的店铺则称为古董行。如吴自牧《梦粱录·团行》："如买卖七宝者，谓之古董行。"也指收藏、买卖或鉴赏古器物的人。如《三朝北盟会编》卷二百八载："会金人败盟,(毕)良史无所用心,乃教学解《春秋》。及复得还归,遂尽载所有骨董而到行在,上大喜,于是以解《春秋》改京秩,自此人号良史为毕骨董。"

"骨董"由指各种杂器物而比喻琐屑过时或形容古板陈旧,糊涂不明事理。如宋严羽《沧浪诗话·诗法》："最忌骨董,最忌趁贴。"佛经中也有用例。如《法演禅师语录》卷上："出队归,上堂云:出队半个月,眼不见鼻孔。忘却祖师禅,拾得个骨董。且道向什么处著?"

"骨董"亦写作"骨幢"。如《景德传灯录》卷十九："若是一般掠虚汉,食人涎唾记得一堆一担骨幢,到处逞驴唇马嘴。"意谓记得一些琐碎的事物。考翟灏《通俗编》引明人刘绩《霏雪录》云："骨董乃方言,初无定字。东坡尝作骨董羹。《晦庵语录》只作汩董,今亦称古董。"骨董羹即杂碎羹,取鱼肉蔬菜等杂混烹制而成。考陈士元《俚言解》卷二释"骨董"云："以鱼肉诸物埋饭中谓之骨董饭,和羹中谓之骨董羹。又,贸易杂物谓之骨董货。陆道士诗:投醪骨董羹锅内,掘窖盘游饭碗中。《仇池笔记》作'谷董'。"检旧题宋苏轼《仇池笔记》卷下"盘游饭谷董羹"条："江南人好作盘游饭,鲊脯脍炙无不有,埋在饭中,里谚曰'掘得窖子'。罗浮颖老取凡饮食杂烹之,名谷董羹。诗人陆道士出一联云:投醪谷董羹锅内,掘窖盘游饭碗中。"宋胡仔《渔隐丛话》前集卷三十九所记略同。由此可知宋代"骨董""谷董"指杂有鱼肉的饮食。

"骨董""汩董"是当时的方言俗语的记音词,字形不定。[1]明张萱《疑耀》卷五认为："今人作'古董'字,其义不可晓。"[2]方以智《通雅》卷三十三据《说文·匚部》"匫,古器也",认为"今谓'骨董'即'匫董'之讹也。"[3]章炳麟《新

[1] 唐郑綮《开天传信记》："天宝初,上游华清宫。有刘朝霞者,献《贺幸温泉赋》,词调俳倿,杂以俳谐,文多不载。……其自叙云:别有穷奇蹭蹬,失路猖狂,骨懂虽短,伎艺能长。"例中"骨懂",检《太平广记》卷二百五十所载作"骨撞",据上下文义,似指身材骨格,"撞""懂"与"幢"形近。

[2] 周艳琼《"骨董"到"文物"》(《现代语文》2005年第1期)认为"骨董"一词最早见于唐开元年间张萱《疑耀》。考唐代的张萱是画家,《疑耀》则是明嘉靖时的张萱所著。

[3] 方以智认为"骨董"为"匫董"之讹,而"匫董"在唐时原为"得董",此语自外国来,为"得宝"之意。

方言·释器》认为:"今人谓古器为骨董,相承已久。其实骨即匰字,董乃余音。""骨董"似为"匰"的复音记音词,又作"古董",元代用来称珍贵罕见的古物。如秦简夫《东堂老》第一折:"可早十年光景,把那家缘过活金银珠翠,古董玩器……典尽卖绝,都使得无了也。"后代沿用。如《水浒传》第六十六回:"四边都挂名人书画,并奇异古董玩器之物。"①"古董"由"珍贵罕见的古物"引申有"深奥"义。如明赵南星《学庸正说》卷中:"若说得太难太古董,便差不可能。"又有"过时或迂腐守旧"义。如清孔尚任《桃花扇·先声》:"古董先生谁似我,非玉非铜,满面包浆裹。"

九、鹘圙(崙)、儱侗、含糊、糊涂、鹘突

鹘圙　团圆为一,不分析之状。◇【春训】与三字类"鹘圙枣"之义相近。(卷十四 501)

鹘崙枣　如云完全。◇【春训】有"鹘崙吞枣"之语。대쵸을 오니로 슴키단 말.◇【增注】鹘崙或作混淪,圆也,全也。误吞全枣不嚼破,喻不知味。详见《语类》黄子耕问答。◇又曰,先生尝曰:"若是握得一个鹘崙底果子,不知里面是酸是苦,须是与他嚼破,便是滋味。"鹘崙,所以状枣之圆而全也,谓不嚼全枣而吞之不知味之喻也。◇退溪曰:鹘圙,圆,不分析之状。言伯恭论道乐浑全而恶剖析,每事要合为一块说也。◇禅偈云,古人通知有底人细嚼来咽,不知有底人一似浑侖吞个枣。末后圆成处精详始应知。(卷十五 583)

按:"鹘圙""鹘崙"有"混杂而模糊的整个"义,即"团圆为一,不分析之状"。如朱熹《答杨至之书》:"圣人之言固浑融,然其中自有条理,毫发不可差,非如今人鹘圙儱侗无分别也。"又如《朱子语类》:

若只是握得一个鹘崙底果子,不知里面是酸,是咸,是苦,是涩。(8.145)

也作"囫囵"。如《朱子语类》:

---

① 赵汝珍《古玩指南全编》认为:"有书作'古董'者,盖即古、骨同音之误也,然于义尚合,以古董所有多古物也。今人于此名词更有解释,所谓古董者,即古代遗存珍奇物品之通称,久已失去原来零杂之含义矣。"北京出版社 1992 年版,第 5 页。

道理也是一个有条理底物事，不是囫囵一物，如老庄所谓恍惚者。（34.863）

例中"囫囵"，成化本作"鹘淪"。"鹘淪"和"鹘囵"与"儱侗"义近。"儱侗"本义为"浑直不曲"，引申有"混杂模糊无分别"义。《洛闽语录》亦有收释。如：

儱侗　犹含糊也。【溪训】不分明也。◇【增注】儱侗，未成器也。又无知貌。◇退溪曰：与朦胧同。（卷十四 502）

检《朱子语类》中有"儱侗"14 例。如：

心统摄性情，非儱侗与性情为一物而不分别也。（5.94）

又作"籠统"。如《朱子语类》：

器之问："尝读孟子'求放心'章，今每觉心中有三病：籠统不专一，看义理每觉有一重似帘幕遮蔽，又多有苦心不舒快之意。"（104.2617）

现代汉语用"籠统"形容"含混不明确"。据《洛闽语录》所释，"儱侗"犹含糊也。考其所释"含糊"如下：

含糊　不分明之貌。◇【增注】《唐史》安禄山断颜杲卿舌，含胡而死。◇按：含，衔也。胡，恐与糊通。煮米及面为粥者也。（卷十四 501—502）

《朱子语类》有 13 例"含糊"。如：

如暴戾愚狠，便是发错了羞恶之心；含糊不分晓，便是发错了是非之心；如一种不逊，便是发错了辞逊之心。（53.1293）

例中"含糊"与"分晓"对举，皆为"不清晰、不明确"义，即"不分明之貌"。"含糊"有重叠式"含含糊糊"，如《朱子语类》：

故《大学》必使人从致知直截要理会透，方做得。不要恁地半间半界，含含糊糊。（17.378）

例中"含含糊糊"与"半间半界"并举，指"不清楚、不明了"。又作"含含胡胡"。《洛闽语录》收释了"含含胡胡"：

含含胡胡：甚不分明之谓。（卷十七续 803）

据《洛闽语录》所释，"含含胡胡"谓甚不分明。《朱子语类》有 5 例。如：

见道理不分明，将渐入于幽暗，含含胡胡，不能到得正大光明之地。（114.2760）

例中"含含胡胡"意谓"不清楚、不明了"，即"甚不分明"。

《洛闽语录》还收释了"糊塗""鹘突"：

鹘突　간대로：又不分明也。◇【增注】孟郊诗："何处鹘突梦，归思寄仰眠。"◇宋吕端作事糊塗。糊塗，鹘突也。（卷十四 501）

糊塗　含糊同。◇【增注】退溪曰："不分明貌。"◇宋吕端小事糊塗，大事不糊塗。糊塗，字音"鹘突"。（卷十四 502）

据《洛闽语录》所释，"鹘突""糊塗"皆有"不分明"义。如《朱子语类》：

今看文字未熟，所以鹘突，都只见成一片黑淬淬地。（10.168）

人能敬，则内自直；内直，则看得那礼文分明，不糊塗也。（78.2005）

《朱子语类》又有"含胡""含糊"与"鹘突"连用各一例：

浙中之学，一种只说道理底，又不似他实见得。若不识，又不肯道我不识，便含胡鹘突遮盖在这里。（124.2982）

天下事不是是，便是非，直截两边去，如何恁地含糊鹘突！（123.2965）

例中"含胡""含糊"与"鹘突"义近，皆有"混沌不清"义，即"不分明"。

十、靠实

靠实　谓凭据常理也。（卷十六续 696）

按："靠实"有"踏实；不虚浮"义，即"凭据常理"。如《朱子语类》：

如此等类煞有，亦煞有人从它。只是不靠实，自是说他一般话。（101.2567）

"行之以忠"者，是事事要著实。故某《集注》云："以忠则表里如一。"谓里要如此，便外面也如此，事事靠实去做也。（42.1088）

作文字须是靠实，说得有条理乃好，不可架空细巧。（139.3320）

《朱子语类》表"踏实；不虚浮"义的还有"著实"一词。如：

才高，须著实用工，少间许多才都为我使，都济事。（12.201）

因说科举所取文字，多是轻浮，不明白著实。（109.2700）

日日著实做,故事成。(127.3043)

十一、捞攘、劳攘

捞攘 捞,苦也。 攘,夺也。言人之作事费气力者曰"捞攘",众人喧争亦曰"捞攘",盖不安稳、不利顺之意。◇【增注】退溪曰:今江南谓苇藜曰捞攘。(卷十五532)

劳攘 劳,苦也。攘,夺也。作事而费气力曰劳攘,众人喧争亦曰劳攘。盖不稳便利顺之意。(卷十六续687)

按:"捞攘"有"纷扰;浮躁"义,即"不安稳、不利顺""作事费气力"。如《朱子语类》:

他资质本自捞攘,后来又去合那陈同父。(120.2912)

此处朱熹评价门生刘淳叟资质浮躁。又作"劳攘"。如:

动,不是恁地劳攘纷扰;静,不是恁地块然死守。(32.824)

例中"劳攘"与"纷扰"义同。引申又有"干扰;扰乱"义。如:

吾儒只是要理会这道理,生也是这理,死也只是这理。佛家却说被这理劳攘,百端费力,要扫除这理,教无了。(26.662)

如单说人心,则都是好。对道心说着,便是劳攘物事,会生病痛底。(62.1486)

还可叠用作"劳劳攘攘",指纷繁杂乱的事。如:

义如利刀相似,胸中许多劳劳攘攘,到此一齐割断了。(6.120)

十二、落草

落草 退溪曰,堕在荒草中也。◇安陵曰,或云,落,刊落也。谓刊草通径也。◇又曰,按大安禅师,在沩山三十年,只看一头水牯牛,若落草路入草便牵出,疑落草或出此。◇落草,堕落草莽也。(卷十七764)

按:"落"有"下坠"和"斜走"义,如孙绰《游天台山赋》:"济楢溪而直进,落五界而迅征。"李善《文选》注:"落,邪行也。""落草"亦即偏离正道,"堕在荒草中""堕落草莽",陷入杂草丛生的歧路之意。如《朱子语类》:

某尝说，学者只是依先儒注解，逐句逐字与我理会，著实做将去，少间自见。最怕自立说笼罩，此为学者之大病。世间也只有这一个方法路径，若才不从此去，少间便落草，不济事。（40.1037）

意谓偏离了正途。

大抵看文字，不恁地子细分别出来，又却鹘突；到恁地细碎分别得出来，不曾看得大节目处，又只是在落草处寻。（55.1309）

意谓未看懂关键的大旨，只是陷在无关紧要的琐碎处找寻。

看书且要依文看得大概意思了，却去考究细碎处。如今未曾看得正当底道理出，便落草了，堕在一隅一角上，心都不活动。（121.2929）

意谓看书时偏离正确的途径，未看懂正当的道理，陷在琐碎处钻牛角尖。朱熹文集中也有用例。如《答孙季和》："近年以来，彼中学者未曾理会读书修己，便先怀取一副当功利之心；未曾出门踏着正路，便先做取落草由径之计，相引去无人处，私语密传，以为奇特，直是不成模样，故不得不痛排斥之。"禅宗语录中也有用例。如《圆悟佛果禅师语录》卷十三："虽然如是，已是落草了也。不免将错就错，于第二头说葛藤去也。"又如《联灯会要》卷十五："示众云：佛祖正令，凡圣俱忘，机智难明，心境双绝，所以佛祖到这里尽皆亡锋结舌，设有一言半句皆是为蛇画足，落草之谈，分外之说。"龙潜庵《宋元语言词典》释此词第一义为"指到山泽之地与官府为敌"，引《宣和遗事》《五代史平话》《董西厢》为证，甚确；第二义释为"草率、随便"，引《朱子语类辑略》卷七（即上文所引《朱子语类》卷一百二十一）为证，似尚欠允当。据上引《朱子语类》中的三个例证，可证其词义应为"偏离正路，陷入歧途"，由此引申而有"到山泽之地与官府为敌"义。①

十三、商量

商量　能立个心，然后其上头加以商量。전즈러보다，또혜아려。◇【增注】

---

① 《汉语大词典》释"落草"有"入山林与官府为敌"和"谓婴儿出生"义，未及此义，似可补。

退溪曰：立屋者，先正其基址，然后商量立屋事矣。◇沙溪曰：《韵会》商，度也；量，平声。◇按：裁度也。（卷十四446—447）

思量　헤아리다.◇【增注】与商量同。

按："商量"有"讨论，商讨"义，引申有"忖度、估量"义，即"裁度"。如《朱子语类》：

仁便有个流动发越之意，然其用则慈柔；义便有个商量从宜之义，然其用则决裂。（6.121）

且如"可以予，可以无予；可以取，可以无取；可以死，可以无死"，这上面有几许商量在。（14.279）

古人淳质，遇事无许多商量，既欲如此，又欲如彼，无所适从。（66.1620）

"思量"也有"裁度"义。如《朱子语类》：

今且放置闲事，不要闲思量。（10.164）

读书之法：读一遍了，又思量一遍；思量一遍，又读一遍。（10.170）

某旧年思量义理未透，直是不能睡。（104.2615）

十四、搏量

搏量　搏，團、博二音。團音，以手圜之也，博音，手击也。搏或疑揣字之误。《大慧语录》多说搏量，或疑此搏字亦当作博。（卷十六续645）

按："搏量"有"忖度、估量"义。如《大慧普觉禅师语录》卷十九《示东峰居士》："从头依次第逐则搏量卜度。"朱熹《答吕子约》："此理固然，然亦须是真实知至物格，方得自然如此。若但说时快活，间或又不如此，则只是想像搏量，不足恃也。"又如《朱子语类》：

且如前日令老兄作《告子未尝知义论》，其说亦自好；但终是搏量，非实见得。（113.2749）

"搏"为"揣"的借字。考《说文·手部》："搏，圜也。从手專声。""揣，量也。从手耑声。""耑""專"古音相近。《说文·耑部》："耑，物初生之题也。"段玉裁注"耑"曰："古发端字作此，今则端行而耑废，乃多用耑为專矣。""搏"

指揉捏使聚合成团,佛经中"搏"又多写作"揣"。如《玄应音义》卷十四释《四分律》第三卷"搏食"之"搏"云:"徒丸反。《说文》:搏,圜也。《通俗文》:手团曰搏,是也。律文作揣。《说文》:揣,量也。音都果反,北人行此音。又初委反,江南行此音。揣非字义也。"①又如《慧琳音义》卷六十五释《五百问事经》"一搏"之"搏"云:"段栾反。《说文》:搏,握也。从手專声。经文从岩作揣,非也。"②再如《可洪音义》卷五释《维摩诘所说经》下卷"揣若"之"揣"云:"上徒官反。丸也。正作搏、㩇、團三形也。诸经律中'歡喜搏'字作'歡喜揣',亦'大歡喜丸'是也。按西域及诸番趁饭等皆以苏酪蜜溲之为搏而食之也。古经'搏'字皆作'揣'也。支护译者云使众人食搏,若须弥犹不能尽。唐玄奘译者云假使无量大千世界一切有情一一搏食,其食搏量等妙高山。如是搏食,或经一劫,或一劫余,犹不能尽是也。又初委、尺绢、丁果三反。非此三呼也。承闻有人定作初委反呼者,非也。若非今古对验,焉敢定指乎？盖字体不正也。应和尚云假借呼是也。"③据玄应、慧琳和可洪所释,可知"搏""揣"是两个词,上古舌头、舌上不分,"搏"可写作"揣",而隋唐时三等与二等在介音的影响下,舌头音开始分化出舌上音。揣,《广韵》一为丁果切,端母戈韵,即玄应所释都果反;一为初支切,初母支韵,即玄应所释江南音初委反。④唐时"搏""揣"音义已皆不同,故玄应和慧琳指出经文中"搏"作"揣"之讹。

又作"團量"。如:

曰:"便是项羽也有商量,高祖也知他必不杀,故放得心下。项羽也是團量了高祖,故不敢杀。"（90.2302）

此例成化本同,徽州本卷一百三十五作:

先生曰:"便是此事羽亦商量过来,羽搏量了高祖,故不敢杀。"

---

① 玄应《一切经音义》今传本主要为碛砂藏、赵城金藏、丽藏本等释藏本和庄炘、钱坫等校刻本,各本及慧琳所转录部分皆略有不同,本文据丽藏本。简称《玄应音义》。

② 慧琳《一切经音义》,上海古籍出版社1986年影印狮谷白莲社藏本。简称《慧琳音义》。

③ 《可洪音义》,《高丽大藏经》本,第410页。

④ 据潘悟云《汉语历史音韵学》拟音,初母属照二庄组,丁果切为k·lool>tool,初支切为skhrol>sthol>tʂhoi,揣的南北读音上古同源。上海教育出版社2000年版,第311页。

（135.1844）

据《朱子语类》徽州本异文,可证"㩃"同"團"。"㩃量、團量"即"揣量"。如朱熹《与执宰札子》:"窃自揣量,若使果如所言,则熹罪当诛戮,岂可复叨外台耳目之寄?"又《答李孝述继善问目》:"此等性命之说,固不当妄意揣量。""㩃""團"皆桓韵平声定母。《说文·口部》:"團,圜也。从口専声。"所释与"㩃"相同,故段玉裁《说文解字注》注"㩃"云:"俗字作團。"王筠《说文句读》亦云:"㩃,自是周、秦间團字。"段玉裁和王筠指出㩃、團为一词的古今异写。如《楚辞·九章·橘颂》:"曾枝剡棘,圆果㩃兮。"王逸注:"㩃,圜。楚人名圜为㩃。"由于表揉捏使聚合成圆形的"㩃"多借用"揣",后"㩃"可能感染"揣"的"估量、推测"义,由"反复揉捏使聚合"义引申有"掂量、揣摩"义。唐宋时虽"㩃""揣"音已不同,"㩃"的"揉捏使聚合成圆形"渐不再借"揣"表示,但"㩃"已有"揣"的"估量、推测"义。"團"也可表"揣"的"估量、推测"义。如韩愈《南山诗》:"團辞试提挈,挂一念万漏。"例中"團"有"估量、猜度"义,蒋礼鸿《义府续貂》已指出:"團有斯义,乃揣量、揣摩揣字之假借。"[1]据《朱子语类》今传各本异文亦可证"㩃""團"通用。如:

如十个物事,團九个不著,那一个便著,则九个不著底,也不是枉思量。（120.2886）

例中"團",静嘉堂本同。[2]徽州本、成化本作"㩃"。考俗写"専"作"専"。"叀"字甲骨文早期作 、,晚期作 ,从叀的"専"早期作 、,晚期作 、,马王堆帛书作 ,武威汉简作 。叀俗写作"甫"亦见于碑刻,如隋张浚墓志"不専华尚"作 ,又如魏王僧男墓志"惠性敏悟"作 等。甫,甲骨文作 ,古陶文作 。俗写"専""専"形近相混,敦煌卷子和传抄本古籍中常见。[3]由于俗写"扌""十"相混,"㩃"又作"博"。"博"本是古代的一种对局争胜的

---

① 蒋礼鸿:《义府续貂》,中华书局 1981 年版,第 77 页。

② 郑明等点校《朱子语类》同,未出校。《朱子全书》,上海古籍出版社、安徽教育出版社 2002 年版,2010 年修订版同。

③ 参曾良:《俗字及古籍文字通例研究》,百花洲文艺出版社 2006 年版,第 53 页。

棋戏,由棋子、棋坪、箸(相当于后来的骰子)和计数的筹码组成。考"博"有获取义[1],引申可指以赌输赢方式换取,即赌博。如玄奘译《阿毗达磨顺正理论》卷三十八:"即谓饮酒是性罪摄,如博戏故。""博"在"博戏"义上也有"猜测"义。

十五、生面工夫

生面工夫　새암된 工夫。◇【增注】退溪曰:生面犹言新面。(卷十五 591)

按:"生"有"鲜活"义。如《朱子语类》:

《论语集注》如称上称来无异,不高些,不低些。自是学者不肯用工看。如看得透,存养熟,可谓甚生气质。(19.437)

又有"生疏"义。如《朱子语类》:

学者只是不为己,故日间此心安顿在义理上时少,安顿在闲事上时多,于义理却生,于闲事却熟。(8.139)

"生面"有"陌生""鲜活的境界或形式"义,即"犹言新面"。如杨万里《读渊明诗》:"渊明非生面,稚岁识已早。"又如《朱子语类》:

今人作文,皆不足为文。大抵专务节字,更易新好生面辞语。(139.3318)

"工夫"有"本领、造诣"义。如《朱子语类》:

如穷格工夫,亦须铢积寸累,工夫到后,自然贯通。(9.149)

曰:"谨信存诚,是里面工夫,无迹。"(69.1720)

"生面工夫"即新的本领和造诣。

十六、索性

索性　◇【溪训】ㄱ장。◇【春训】犹言白直,又犹言截直。又 제ㅁ음으로ㅎ다。◇【增注】退溪曰:犹言最也。◇又曰:索,尽也。索性犹言尽其性而为之也。◇南溪曰:考之《语录解》,犹太字之义。不索性云者,言其为小人亦不十分耳。

---

[1] 段玉裁注《说文》"博"指出"凡取于人易为力曰博"。

◇《蒙语类解》이러나져러나。◇按：犹言本来。（卷十四480）

按："索性"有"干脆利索；直截了当"义，即"犹言白直，又犹言截直"。如《朱子语类》：

朝廷若索性贬蔡京过岭，也得一事了。（101.2572）

议论中譬如常有一条线子缠缚，所以不索性，无那精密洁白底意思。（117.2812）

张子韶文字，沛然犹有气，开口见心，索性说出，使人皆知。（139.3316）

又有"洒脱，痛快，由着性子"义[1]，即"犹言尽其性而为之"。如：

禅学一喝一棒，都掀翻了，也是快活。却看二程说话，可知道不索性。（126.3030）

尝见太祖时，枢密院一卷公案，行遣得简径。毕竟英雄底人做事自别，甚样索性！（127.3043）

如今人见学者议论拘滞，忽有一个说得索性快活，亦须喜之。（40.1033）

引申还有"纯粹，完全"义，即"犹言最也""十分"。如：

若说无，便是索性无了。（3.43）

曰："若说交际处烦数，自是求媚于人，则索性是不好底事了，是不消说。"（27.78）

圣是就地位上说。圣却是积累得到这田地，索性圣了。（33.844）

"索性"始见于宋代[2]，考"索"有"求取"和"穷尽"义[3]，"性"即人之天生性情，"索性"就是极尽性情所致，即"犹言本来"，也就是"由着性子尽情地（做某事）"。由"由着性子"义而产生"干脆利索，直截了当""洒脱，痛快"和"纯粹，完全"义。

---

① 唐贤清：《〈朱子语类〉副词研究》，湖南人民出版社2004年，第203页。

② 太田辰夫《中国语历史文法》认为："它的语源可能是绳索那样的性质，指的是直性子或者径情直遂。"蒋绍愚、徐昌华译，北京大学出版社1987年版，第271页。

③ 《广雅·释诂》："索，尽也。"引申有"索性；干脆"义。如《警世通言·庄子休鼓盆成大道》："早知死后无情义，索把生前恩爱勾。"

十七、拖泥带水

拖泥带水　谓以管商见识杂于孔孟规模，是如取泥带水混合为一。（卷十七 800）

按：拖泥带水，本义形容在泥泞道路中行走的状貌。如宋杨万里《竹枝歌》："知侬笠漏芒鞋破，须遣拖泥带水行。"朱熹用以比喻办事不干脆利索或语言不简明扼要，即"如取泥带水混合为一"。如《朱子语类》：

《易》只是个"洁静精微"，若似如今人说得恁地拖泥带水，有甚理会处！（67.1660）

若是似而今说得来恁地拖泥带水，便都没理会处了。（67.1660）

若是一人叉手并脚，便道是矫激，便道是邀名，便道是做崖岸。须是如市井底人拖泥带水，方始是通儒实才！（108.2687）

禅家喻指陷入言辞解说而不能直截爽利地领会禅理，达到禅悟境界。如《五灯会元》卷十四《净慈慧晖禅师》："云门寻常干爆爆地，锥扎不入，到这里也解拖泥带水。"其他文献也有用例。如宋严羽《沧浪诗话·诗法》："意贵透彻，不可隔靴搔痒；语贵脱洒，不可拖泥带水。"又作"拖泥涉水""带水拖泥""惹泥带水""和泥合水"等。如《圆悟佛果语录》卷一："一向拖泥涉水、灰头土面则埋没自己。"又卷十四："有祖已来，唯务单传直指，不喜带水拖泥，打露布、列窠窟，钝置人。"《汾阳无德语录》卷上："咬断两头，犹是惹泥带水。"《祖堂集》卷十二《禾山和尚》："大凡出言吐气，不可和泥合水去也。"

十八、温吞煖

温吞煖　温煖相吞是冷热之间。（卷十七 781）

按："温吞煖"，意谓不冷不热，即"冷热之间"。如《朱子语类》：

"利与善之间"，不是冷水，便是热汤，无那中间温吞暖处也。（60.1446）

由"不冷不热"义引申而有"含糊疲遝"义，写作"温纯"。如：

今观上蔡所记，则十分中自有三分以上是上蔡意思了，故其所记多有激扬

发越之意;游氏所说则有温纯不决之意;李端伯所记则平正;质夫所记虽简约,然甚明切。(97.2480)

考"温纯"本有"温和纯厚"义。如《汉书·扬雄传下》:"《典》《谟》之篇,《雅》《颂》之声,不温纯深润,则不足以扬鸿烈而章缉熙。"又如苏辙《次韵子瞻特来高安相别先寄迟适远却寄迈迨过遁》:"豫儿扬眉稍刚劲,党子温纯无愠喜。"性格温和纯厚的人往往没脾气,不急不躁,由此引申有方俗语中往往含贬义的"疲软拖遝、含糊黏滞"义。[①]"温吞"似为"温纯"的方言记音。上海话形容人性子慢说"温吞水",昆明话说"温暾鸡"。[②]

十九、物事

物事　事,语辞。如今数物必曰一事二事。◇【增注】按,物即事也。朱子曰:明德为物,新民为事。(卷十五533)

按:"事"有"事情"义,可指人类生活中的一切活动和所遇到的一切现象。如《书·益稷》:"股肱惰哉,万事堕哉!"又可指物件,东西。如《百喻经·水火喻》:"火及冷水二事俱失。"宋蔡絛《铁围山丛谈》卷五:"元丰、大观二藏,虽研墨,盖何事不具,乃丰盛异常尔。""物"亦指物件,东西。如《易·系辞下》:"近取诸身,远取诸物。"宋苏轼《前赤壁赋》:"且夫天地之间,物各有主,苟非吾之所有,虽一毫而莫取。"也可泛指万物。如《礼记·中庸》:"诚者物之终始。"

物即事,"事""物"组成的复合词"事物"可指"客观存在的一切物体和现象"。如《尹文子·大道上》:"察其所以然,则形名之与事物,无所隐其理矣。""物""事"同义并列组成复合词"物事"也可指"物品、东西"。如《论衡》卷三《偶会篇》:"若夫物事相遭,吉凶同时,偶适相遇,非气感也。"《二程语录》卷十二:"夫小人心中,只得些物事时便喜,不得便不足。"《朱子语类》:

---

① 明顾起元《客座赘语》卷一《方言》:"其不聪敏者曰'鹘突',曰'糊涂',曰'温暾'。"

② 张华文《昆明方言词源断代考辨》载,昆明方言也沿用此义,还可指人性格温驯,没性子。民族出版社2002年版,第155页。

如吃物事相似:将甚么杂物事,不是时节,一顿都吃了,便被他撑肠拄肚,没奈何他。(11.190)

要买物事,便入那市中去。不似而今要买物,只于门首,自有人担来卖。(86.2209)

其慈,其孝,这便是仁;各亲其亲,各子其子,这便是义。这个物事分不得,流出来便是仁;仁打一动,义礼智便随在这里了。(116.2797)

"物事"的"物品、东西"义,今吴语和闽语等方言沿用。①

二十、消详

消详　仔细。◇【春训】犹言须用详细,汉语消与须同义。◇【增注】犹言细入思量也。(卷十五 516)

按:"消详"有"斟酌;揣摩;思量"义,侧重于"端详"的估摸,即"犹言须用详细""犹言细入思量"。如《朱子语类》:

又云:"易解得处少,难解处多,今且恁地说去。到那占时,又自别消详有应处,难立为定说也。"(72.1833)

二十一、一副当

一副当　一件也。◇【增注】退溪曰《吏文》凡物一件谓一副。当者,语辞。(卷十五 578)

按:"一副当"有"一件"义,即"凡物一件谓一副"。《朱子语类》中用例颇多,有"一个(套)根本相应的和本来固有的"义。②如:

文王之心,已自不如伏羲宽阔,急要说出来。孔子之心,不如文王之心宽大,又急要说出道理来。所以本意浸失,都不顾元初圣人画卦之意,只认各人自说一副当道理。(66.1630)

---

① 许宝华、宫田一郎:《汉语方言大词典》,中华书局 1999 年版,第 3405 页。

② 一副当,南二星、宋浚吉编《语录解》释云:"一件也,溪训。"溪,指李滉,号退溪。清茅星来《近思录》集注:"当,俗语词,如所谓勘当、一副当之当,亦唐宋时之方言也。"

意谓文王和孔子各自说自己一套本来固有的道理。

古人无再娶之礼,娶时便有一副当人了,嫡庶之分定矣,故继室于正室不可并配。(90.2319)

意谓古人娶亲时就规定了一个与名分根本相应的妻子。

固有不曾虚心看圣贤书底人,到得要去看圣贤书底,又先把他自一副当排在这里,不曾见得圣人意。待做出,又只是自底。某如今看来,惟是聪明底人难读书,难理会道理。盖缘他先自有许多一副当,圣贤意思自是难入。(139.3317)

意谓自己先有一套固有的见解和主张。

其他文献也有用例。如《元城语录解》上:"老先生尝谓金陵曰:'介甫行新法,乃引用一副当小人,或在清要,或为监司,何也?'"《张载集》卷十二:"某所以使学者先学礼者,只为学礼则便除去了世俗一副当习熟缠绕。譬之延蔓之物,解缠绕即上去,上去即是理明矣,又何求!苟能除去了一副当世习,便自然脱洒也。"

二十二、硬寨

硬寨　◇【眉训】坚植意。◇【增注】退溪曰:硬坚不变通之谓。寨,山居以木围,树以自固者,军行所住亦然。硬寨,亦坚定不动之意。◇又曰:寨即栅字。栅,植木为城,言坚植也。大意与立定脚跟做去同。◇守梦曰:砦、寨通用,士迈切,山居以木栅。《庄子》柴栅。《字会》音察。◇按:硬,坚也,强也。寨,助迈切,与砦同,又音塞,安也。(卷十四449)

按:"硬寨",坚固的营垒,喻坚定的意志和扎实的基础,即"硬坚不变通之谓""坚定不动之意"。如《朱子语类》:

读书,须立下硬寨,定要通得这一书,方看第二书。(116.2805)

纵待八九十岁觉悟,也当据见定札住硬寨做去。(7.125—126)

二十三、照管

照管　술피다. ◇【增注】退溪曰:犹言铭心不忘也。◇尤庵曰:犹言省察照检也。◇按:照,察。管,摄也。◇管,见一字类释事。(卷十四497)

按:"照管"有"照应,留心"义。如《朱子语类》:

《大学》总说了,又逐段更说许多道理。圣贤怕有些子照管不到,节节觉察将去,到这里有恁地病,到那里有恁地病。(14.251)

虽不用大段著工夫,但恐其间不能无照管不及处,故须著防闲之,所以说"君子慎其独也"。(16.332)

须著随处照管,不应道这里失了,后面更不去照管。(24.583)

大抵范氏不会辩,如孟子便长于辩。亦不是对他人说话时方辩,但于紧要处反复论难,自是照管得紧。(67.1676)

引申有"约束"义,即"犹言铭心不忘""犹言省察照检"。如:

大概人只要求个放心,日夕常照管令在。力量既充,自然应接从容。(12.202)

某谓,须坐常常照管教如尸,方始是习;立常常照管教如齐,方始是习。(20.450)

二十四、赚

赚　音담,欺也。又直段切,重买也。又市物失实也。◇【增注】退溪曰:买物失实也。又云重买物。谓物本轻,而误以重价买之也。自欺之恶,在心术精微处,比轻物。闲居之恶,是无状小人,比重价。言今人误将自欺连下文无状小人一例看,故认自欺亦作大段无状之恶看了。如人误把轻物认为重价而买之也。◇《六书故》买卖误雠直多少不当也。◇按:音暂,错也。又俗谓相欺诳曰赚。(卷十四437—438)

赚连　过为连著也。◇【春训】赚音湛,以轻物买重物曰赚。《心经》所谓赚,谓以《大学》"不欺"章连"小人闲居"章看也。◇【增注】退溪曰:赚,买物失实也。谓物本轻,而以重价买之也。自欺之恶,在心术精微处,比轻物。闲居之恶,是无状小人,比重价。言今人误将自欺连下文无状小人一例看,故认自欺亦作大段无状之恶看了。如人误把轻物认为重价而买之也。◇赚,见一字类释市,犹言错连也。(卷十五 559—560)

按:赚,有"赢得;获得"义,即"市物失实""如人误把轻物认为重价而买之"。如孙元晏《齐·何氏小山》:"显达何曾肯系心,筑居郊外好园林。赚他谢朏出山去,赢得高名直至今。"由"赢得;获得"义引申而有"哄骗;诓骗"义,即"俗谓相欺诓曰赚"。如《捉季布传文》:"分明出敕千金诏,赚到朝门却杀臣。"①今北京官话、冀鲁官话、中原官话与江淮官话等方言仍用"赚"表"欺骗、哄骗"义。②"赚"似是"詌"的后出俗字。考《广韵》:"詌,被诓。謙,俗。"《龙龛手鉴》:"賺,俗;赚,正。"謙、赚形义相近可通。③《类篇》:"詌,巧言。"《集韵》:"詌,妄言。"据《广韵》,詌俗作謙。"詌"的巧言妄言行骗与"赚"的"哄骗;诓骗"义相似。《朱子语类》中表"欺骗"义的词有"脱赚":

> 如王公明炎、虞斌父之徒④,百方劝用兵,孝宗尽被他说动。其实无能,用着辄败,只志在脱赚富贵而已。所以孝宗尽被这样底欺,做事不成,盖以此耳。(133.3199)

例中"脱赚"有"哄骗而获取"义。如王明清《挥麈后录》卷三:"又况数年间行盐钞法朝行夕改,昔是今非,以此脱赚客旅财物。道途行旅谓朝廷法令信如寒暑,未行旬浃,又报盐法变矣。"又如《晦庵集》卷二十九《乞给由子与纳税

---

① 徐复《敦煌变文词义研究》指出:"唐人称'被人诓骗'为'赚'",引此例。《中国语文》1961 年第 8 期。

② 许宝华、宫田一郎:《汉语方言大词典》,中华书局 1999 年版,第 6822 页。

③ 徐复《敦煌变文词义研究》:"按'赚',通作'謙'。""'赚'有'市物失实'一义。'被诓'即由此引申,亦后起分化字。"《中国语文》1961 年第 8 期。董志翘《五灯会元语词考释》指出:"盖'赚'乃'謙'(詌之或体)之假字,然后从'被诓'引申出'误'义也。"《训诂类稿》,四川大学出版社 1999 年版,第 202 页。

④ 王炎,字公明。虞允文,字彬甫。徽州本"虞斌父"下有"允文"二字。王星贤点校本误标为"王公明炎虞斌父"。

户条目》："欲乞检坐勑条行下，约束诸县仓库交到人户税物一钱以上，须管当日印给朱钞，令所纳人当官交领，不得似前只将钞单脱赚人户。"又作"赚脱"。如赵彦卫《云麓漫钞》卷三："太宗开国之文君，不应赚脱一僧而取玩好。"

结语

人类文明是由不同地域、不同文化、不同语言和不同阶层的人们共同建构的，文明间的交流常常是双向的，甚至是多向度的。李义凤所编《古今释林》广搜博取汉唐宋儒道释历代典籍，据其所释不仅可探《洛闽语录》与《朱子语类》的关联，而且还可探我国传统文化在朝鲜的承创脉络，从中可见传播方和接受方的理念和观念异同，其中既有内核精神的相融相合，又有各自不同价值取向的异化及在变异中形成的创新，反映了不同民族、不同文明、不同地域、不同阶层间的文化互动。①

作者工作单位：徐时仪　上海师范大学
　　　　　　　李景远　韩国汉阳大学ERICA

---

① 参拙文《李义凤古今释林探略》，《江西科技师范大学学报》2017年第1期。

汉语外来词词源研究中的若干问题*

曾昭聪

摘　要　汉语外来词词源研究是汉语词源研究中的重要内容,在以下几个方面尚可进一步深入:一是区别外来词与非外来词,对"半外来词"则尤须正名;二是注意外来词义,尤其是从日语中引进的新义;三是注意日源外来词的词义与古汉语词素义之关系;四是注意外来词或外来词义的首见时间。

关键词　外来词;半外来词;外来词义

汉语外来词词源研究是汉语词源研究中的重要内容。汉语词源研究的历史非常悠久,先秦两汉的声训、宋代的右文说、清代的因声求义,都是汉语词源研究史上的重要成果,它们都比较关注汉语单音节词的词源;对于汉语复音词词源的研究,则主要表现于汉晋以来的笺注、唐宋以来的笔记以及明清方言俗语辞书,其中就有不少外来词词源的研究内容。外来词当然也有一些单音节词,但总体来说以复音词为多。

笔者目前正主持国家社科重大项目"汉语词源学理论建设与应用研究",其中子项目之一是"《现代汉语词源词典》编纂与研究"。在编纂过程中,对现代汉语外来词研究有些心得体会,因不揣浅陋,姑述于下。因文章体例与词典体例不同,写进本文的例子尽可能简略,点到即止。①

笔者以为,汉语外来词词源研究在以下几个方面尚可进一步深入。

第一,区别外来词与非外来词,对"半外来词"则尤须正名。

词是音义的结合体,外来词的音义应该都是从其他语言中借来的。外来词一般分音译词与意译词,音译词的界定不存在问题,所谓的意译词则不应被

---

*　基金项目:国家社科基金重大项目"汉语词源学理论建设与应用研究"(17ZDA298)。

① 本条所引 A—D 开头的条目是笔者在先师王锳先生遗稿的基础上修改而成。

视作外来词。因为"意译词"是用汉语中已有的词素(包括音和义)去记录一个外来的概念,我们从词素即可明了该词的音义。也就是说,概念是外来的,但记录这个概念的词素是汉语固有的,因此,由词素组成的词也不应视作外来词。也有学者指出:"单纯的意译词并不是外来词,有些词语既有音译形式也有意译形式,只有音译形式才是外来词。"①兹举一例:

【恶煞】èshà 偏正。"恶"有凶恶义。"煞"指人死后之魂魄或魂魄所化之凶物凶神。北齐颜之推《颜氏家训·风操》:"死有归煞,子孙逃窜,莫肯在家,画瓦书符,作诸厌胜。"唐张读《宣室志·补遗》:"俗传人之死,凡数日,当有禽自柩中而飞者,曰'煞'。""恶煞"指凶神,是梵语音译词"旃荼罗"的意译。唐慧琳《一切经音义》卷四七"旃荼罗"条:"梵言。直加反。此云执暴恶人,亦言恶煞,谓屠煞者种类之总名也。其人若行,则摇铃自标,或杖破头之竹,若不然者,则与罪。旧言旃陀罗,讹也。"常用来比喻凶恶的人。也经常因音变而听音为字写作"恶刹"。

"恶煞"是意译词,"恶"与"煞"是汉语中固有的词素。从汉语词素义出发(将"恶煞"理解为凶神),跟梵语原义相比,虽不十分准确,但也相距不远。

尤须注意者则是"半外来词",即用一个外来词素加一个汉语词素组成一个复音词。例如"猕猴"一词,又可称"沐猴、母猴、马猴"。宋罗愿《尔雅翼·释兽三》:"猴……又有沐猴、母猴之称,母非牝也,沐音之转耳。"章炳麟《新方言·释动物》:"沐猴母猴,母猴猕猴,今人谓之马猴,皆一音之转。"如果不细考,会以为是一个纯汉语词。张永言先生《语源探索三例》指出"沐"是一个非汉语成分的记音字,在汉藏语系藏缅语族缅彝语群的许多语言和方言里都可以找到与"沐"字古音相符而语义为"猿/猴"的词。例如古缅语和中古缅语的 mjok,北部缅语支勒戚语的 mjok/mjuk 等;藏语族的米助语也称猴为(a)muk。"母猴""沐猴"自是同词异写,但也可能反映了一定的方音差别。②

① 邵敬敏主编:《现代汉语通论》(第三版)上册,上海教育出版社 2016 年,第 123 页。
② 张永言:《语源探索三例》,见《语文学论集》(增订本),复旦大学出版社 2015 年,第 234—237 页。

所以，"沐猴"一词是一个外来音译词素"沐"（义为"猴"）加一个汉语词素"猴"组成的半外来词，从语法结构来说是同义复合的并列式。

下面再举几个我们在编纂《现代汉语词源词典》时发现的"半外来词"的例子。

【忏悔】chànhuǐ 并列。梵语 ksama 音译为"忏摩"，省略为"忏"。指僧尼替人悔过而进行的祈祷，亦指进行这种祈祷的经文。《梁书·处士传·庾诜》："宅内立道场，环绕礼忏，六时不辍。""悔"是梵文 ksama 的意译，《说文·心部》："悔，悔恨也。""悔"与"忏"构成联合式合成词，表示向神佛悔过并请求宽恕义。晋郗超《奉法要》："每礼拜忏悔，皆当至心归命，并慈念一切众生。"引申为认识错误或罪过而感到痛心。

【大巴】dàbā 偏正。指公共汽车或旅游用的大型轿车。"大"指大型汽车。"巴"为英语 bus 的音译。《燕赵都市报》2015－04－27："因扎吉与球员公开决裂，大巴车上发生言语冲突。"

【大马哈鱼】dàmǎhǎyú 偏正（大马哈/鱼）。大马哈，满语 dafaha 的音译。民国徐珂《清稗类钞》译作"达法哈鱼"，其"动物类"云："岁八月，达法哈鱼自海入江，积数至众，或有履鱼背而渡者。宁古塔、黑龙江土人每取鱼炙腊，积以为粮。"

【恶魔】èmó 偏正。"恶"有凶恶义，"魔"是梵文音译词"魔罗"的略称。后秦鸠摩罗什译《大智度论》卷五："问曰：'何以名魔？'答曰：'夺慧命、坏道法功德善本，是故名为魔。'""恶魔"指阻碍佛法及一切善事的恶神、恶鬼。后秦鸠摩罗什译《摩诃般若波罗蜜经》："菩萨摩诃萨能如是行般若波罗蜜，恶魔不能得其便。"后用来比喻十分凶恶的人或物。

【哈巴狗】hǎ·bagǒu（～儿）偏正。一种体小、毛长、腿短的狗。供玩赏。也叫"哈巴儿、狮子狗、巴儿狗、哈叭狗"等。哈巴狗即唐代从西域引进的"猧子"。"哈巴（哈叭）"是蒙古语 qaba（-n,ng）的音译借词。也叫"狮子狗"是因其体毛较长而蓬松，似雄狮；名"巴儿狗"则是略称。元孟汉卿《张孔目智勘魔合罗》二折："门上挂着斑竹帘儿，帘儿下卧着哈叭狗儿。"也可略去"狗"。《红楼梦》三七回："众人听了都笑道：'骂的巧，可不是给了那西洋花点子哈巴儿了。'"

【浩劫】hàojié 偏正。"浩"有广大之义，"劫"是梵文kalpa音译词"劫波"（或"劫簸"）的略称，意为极久远的时节。"浩劫"本为佛教中的时间单位，天地从形成至毁灭为一大劫。唐李白《短歌行》："苍穹浩茫茫，万劫太极长。"因其与毁灭有关，故浩劫又指大灾难。

第二，充分注意外来词义。

一个词可以有多个义位，表现于词典则为义项。"外来词"实际上是个笼统的说法，细分的话，它应当包括音义均从其他语言借来的纯外来词，也包括只借外来词义的外来词，即汉语中本有某个词，从其他语言中借入某一个义位（义项）。这种情况多见于中日之间的语言交流。因为日语中有相当数量的汉字词，日语往往借用汉字以表新义，该新义又回流到汉语中，这一回流到汉语中的新义即是外来词义。以下所举例子，词目都是汉语中所固有的词，其中第一个义项是汉语古籍中已有词义，第二个义项则是从其他语言引进的新义。

【癌】ái ❶中医所谓五种痈疽之一。旧题宋东轩居士撰《卫济宝书》卷上《论治》云："痈疽五发：一曰癌。癌疾初发者却无头绪，只是肉热，痛过一七二七，忽然紫赤微肿，渐不疼痛，迤逦软熟紫赤色，只是不破。"字或作"嵓"。清吴谦等《医宗金鉴》卷四九："更有乳内结核如围棋子，不肿不痛，但坚硬不散，日久内溃者谓之乳嵓，其症甚凶。"这里的描述有点类似现代所谓"乳腺癌"。❷上皮组织生长出来的恶性肿瘤。对应于英语cancer。这是从日语中引进的新义。日本人先用汉语的"癌"或"癌肿"加以翻译，然后传入中国。清吕珮芬《东瀛参观学校记》（1908年）："有牛马病象，如牛肾石、膀胱结石、肾脏结石及马胃之癌肿、马足之纤维肿、马股侧之脂肪肿之属。"

【暗示】ànshì 偏正。❶不明白表示意思，而用含蓄的言语或示意的动作使人领会。《西游记》五三回："如来暗示了罗汉，对老孙说出那妖的根源，才请老君来收伏，却是个青牛作怪。"❷心理学名词，用言语、手势、表情等使人不加考虑地接受某种意见或做某事。意译英语hint。民国陆尔奎等《辞源》（1915年）：

"暗示：心理学名辞，谓默为指示，令其服从也。"

【博士】bóshì 偏正。❶古代为学官，起于战国，秦汉因之。《史记·秦始皇本纪》："始皇置酒咸阳宫，博士七十人前为寿。"汉武帝设五经博士。❷学位的最高一级。这是从日语中引进的词义。《遐迩贯珍》第五号（1853年）："今西方博士详考天文，言日距地三百四十五兆里。"

【博物】bówù 偏正。❶本指通晓众物。汉桓宽《盐铁论·杂论》："桑大夫据当世，合时变，推道术，尚权利，辟略小辩，虽非正法，然巨儒宿学，恶然大能自解，可谓博物通士矣。"❷指动物、植物、矿物、生理等学科的总称，是英语natural science的意译。这是清末从日语中引进的词义。清黄遵宪《日本杂事诗广注》："有小学校，其学科曰读书，曰习字，曰算术，曰地理，曰历史，曰修身，兼及物理学、生理学、博物学之浅者。"

【布施】bùshī 并列。❶把财物等施舍与人。《广雅·释诂三》："布，施也。"《庄子·列御寇》："施于人而不忘，非天布也。""布""施"同义复用。《国语·周语上》："若是，乃能媚于神而和于民矣，则享祀时至而布施优裕也。"《荀子·哀公》："布施天下而不病贫。"杨倞注："言广施德泽，子惠困穷，使家给人足而上不忧贫乏。"①❷佛教传入中国后，以"布施"为梵文dana（檀那）的意译词，特指向僧道施舍财物。东汉安世高译《尸迦罗越六方礼经》："沙门道士当以六意视凡民：一者教之布施，不得自悭贪。"三国吴支谦译《梵网六十二见经》："佛不杀生，无怨结，不持刀杖，教人为善，慈哀一切及蜎蜚蠕动之类，亦不取他人财物；但欲布施，心亦念布施。"

【布景】bùjǐng 动宾。❶国画术语，指按照画幅大小安排画中景物。《宣和画谱·墨竹叙论》："至于布景致思，不盈咫尺，而万里可论，则又岂俗工所能到哉！"❷戏剧术语，指舞台或摄影场上所布置的景物。这是从日语中引进的词义。《图画日报》1910年一七一号："其座位之宽敞，视线之正确，布景之灵妙，实为

---

① 基于此注中"广施德泽"语，《汉语大词典》为"布施"立一义项"犹普施。谓普遍施予"，实误。杨倞注中"广施德泽"是针对《荀子》"布施天下"而言，"广"对应的是"天下"，非谓"布"有"普遍"之义。

我国未有之创局。"

【裁判】cáipàn 并列。❶原指裁决判断，不一定属法律范畴。宋孙甫《唐史论断序》："圣人出于季世，睹时之乱，居下而不能治，故主大中之法，裁判天下善恶而明之以王制。"这里所谓"法"，还只是道德标准之类。明丘濬《大学衍义补》卷一〇八："明年二月，诏今后谋杀人自首，并奏听敕裁判。"已包含法律因素。❷法律术语，指法院依照法律，对案件作出处理，分为判决和裁定两种。这是从日语中引进的词义。清傅云龙《游历日本图经》（1889 年）卷十六："先入兵不参人员：失踪及逃亡，七四五；公权停止，二八；不到检查场者，二六五；刑事裁判未决者，一七。"

【参谋】cānmóu 动宾。❶原为词组，指参与谋议。《汉书·公孙弘传》："开东阁以延贤人，与参谋议。"其卷六九有"参兵谋"、卷七八有"参政谋"之类。稍后即凝为动词。《后汉书·邓禹传》："其有大议，乃诣朝堂，与公卿参谋。"❷军队中参与指挥、制定作战计划的干部，其为首者称参谋长。这是清末从日语引进的新义。黄遵宪《日本国志》卷三："榎本等卒不愿，相约屠腹死，惟介使者赠其所译《万国海律全书》于参谋黑田清隆。"

【潮流】cháoliú 偏正。❶潮水。《全晋文》卷六二孙绰《望海赋》："商客齐畅，潮流往还。各资顺势，双帆同悬。"❷比喻社会变化的趋势。这是从日语中引进的词义。《清议报》1899 年二十二册《论英俄协商与中国之关系》："驯致挽近世局之大势者，有二大潮流：其一西势东侵，其一英俄争衡。"

【成绩】chéngjì 并列。❶所做出的业绩。"成"是收成，"绩"指功业。"成绩"同义复用。《尔雅·释诂下》："绩，成也。"郝懿行义疏："绩，取缉续之名，与成实之义近。"《尚书·洛诰》："万邦咸休，惟王有成绩。"❷工作或学习上的收获。这是从日语中引进的词义，也是前一义的特指义。清丁鸿臣《游历日本视察兵制学制日记》（1899 年）下卷："教育博物馆为教员研究教育用品之地。分小学用品中学用品二部。其品分学校建筑、学校备品、教授用具、生徒成绩学事、统计规则五端。"

【出场】chūchǎng 动宾。❶古代戏曲表演中演员下场。其动作所指方向与现代汉语相反。《东京梦华录》卷七:"有一装村妇者入场,与村夫相值。各持棒杖,互相击触,如相殴态。其村夫者以杖背村妇出场毕,后部乐作诸军缴队杂剧一段。"其引申义亦略同现代所谓"下场",表"结局、结果"义。❷演员登台表演或运动员入场参赛。这是从日语中引进的词义。李叔同《致刘质平》(1916年):"宜慎出场演奏,免人之忌妒(能不演奏最妥,抱璞而藏,君子之行也)。"

此外,如"冲突",汉语中有"冲锋突击"义,后从日语引进"矛盾表面化、斗争趋于激烈"的名词用法;"充血",汉语中有"中医上指使血气充盈",后从日语中引进"局部组织或器官,因小动脉小静脉以及毛细血管扩张而充满血液"义;"储蓄",汉语中有"把暂时不用的财物积存起来"义,后从日语引进"把钱存入银行"义;"抵触",汉语中有"兽类以角冲撞"义,后从日语引进"彼此矛盾"义。

第三,注意日源外来词的词义与古汉语词素义之关系。

从日语中引进的外来词,其原语即为汉字书写(少数日语汉字形与汉语汉字字形略有不同),而其中相当一部分汉字书写的日语词,其词素义往往与古汉语一致。例如:

【部门】bùmén 并列。组成某一整体的部分或单位。这是从日语中引进的词,其词素义与古汉语一致。"部"有部分、部位义。《山海经·西山经》:"是神也,司天之九部及帝之囿时。"晋郭璞注:"主九域之部界。"引申指官署。《后汉书·马融传》:"太后崩,安帝亲政,召还郎署,复在讲部。"隋唐职官已有礼部、祀部等名目,明清时中央行政机关分为礼、户、兵、刑、工、吏等六部。今为某些机关单位的名称或企事业中按业务而划分的单位,如外交部、教育部、编辑部、门市部等。"门"有门类义。《后汉书·儒林传赞》:"斯文未陵,亦各有承。途分流别,专门并兴。""部门"清末引入汉语。梁启超《答某报第四号对于〈新民丛报〉之驳论》(1905 年):"若夫语具体的共和宪法之性质若何,则属于纯粹法理论,面非政治学部门中之立法论矣。"

【电车】diànchē 偏正。用电做动力的交通工具。这是从日语中引进的词。初亦作"电气车"。清丁韪良《西学考略》(1883 年)卷上:"电气车行于铁路,其捷如飞，与火车相似。"后省去"气"字。清薛福成《出使英法意比四国日记》（1890年）："泰西各国，近于火车铁路之外，创行电车，仅于通都大邑试办，不过数里或数十里而已。"

【对策】duìcè ❶动宾。原为古代一种考试方法，考官就时政、经义等设问，由应试者回答。"对"指应答，"策"指策问（命题）。《史记·平津侯主父列传》："太常令所征儒士各对策，百余人，弘第居下。" ❷偏正。对付的策略或办法。这是从日语中引进的词义。民国张慧剑《辰子说林》（1946年新民报社初版）："张氏究尚为中国人，于敌阀之压迫腌削，不能无戒心，更不能不隐筹对策。"

【号外】hàowài 偏正。报社因需要及时报道重要消息而临时增出的报纸，因在定期出版的报纸编号之外，所以叫号外。这是从日语中引进的新词。张謇《癸卯东游日记》（1903年）："号外，日本人谓特别新闻，卖者摇铃唤'号外'。"

【滑翔】huáxiáng 并列。指某些物体不依靠动力，而利用空气的浮力和本身重力的相互作用在空中飘行。这是从日语中引进的词，其词素义与古汉语一致。"滑"指"滑动"。"翔"指回旋而飞，特指鸟飞时翼翅不动。《淮南子·览冥》："翱翔四海之外。"高诱注："翼一上一下曰翱，不摇曰翔。"民国应观兴译述《动物界的奇观》（1933年）上册："在全数的高级动物中，即一切的哺乳类中，真真能够飞的惟有蝙蝠。有许多能够连飞带走地滑翔，但只有蝙蝠能高飞在空中。"

第四，注意外来词或外来词义的首见时间。

外来词的词源研究的重要内容之一是弄清其引进时间或首次使用时间。虽然一个词产生的时间，有可能早于文献书证，但历时研究不能离开文献书证去谈词源。这里可以以黄河清先生的《近现代汉语辞源》为例进行讨论。《近现代汉语辞源》收录了从鸦片战争至民国时期汉语受西方文化影响而产生的词语和少量本族新词语共约43000条。词典所收录的词条，具有一般性的语文词典都共有的词目、释义和书证，最有特色的是所有的词源书证均有确凿的时间。[①]《近现代汉语辞源》中的外来词主要是从日语中引进的汉字词，因为

---

① 曾昭聪：《〈近现代汉语辞源〉在汉语词源研究上的贡献》，《辞书研究》2020年第5期。

日语汉字字形跟汉语汉字字形基本一致,引进之后都改写成规范的汉字写法,加上大多数日源外来词的词义都跟古汉语词素义一致,所以不太容易判断某个词是不是源自日语。对于源自日语的外来词,《近现代汉语辞源》都标明了日语假名,并有确切的书证和始见年份,功莫大焉。本文前面所引述的不少例子(标示"这是从日语中引进的词"或"这是从日语中引进的词义")均以之为据。但是,由于文献浩瀚,抑或有《近现代汉语辞源》所标示的书证始见年份过晚和并非源自日语的外来词义或外来词而是汉语本土固有词的情况。

一是所标示的书证始见年份过晚的,例如:

【对策】duìcè ❶动宾。原为古代一种考试方法,考官就时政、经义等设问,由应试者回答。"对"指应答,"策"指策问(命题)。……❷偏正。对付的策略或办法。这是从日语中引进的词义。民国张慧剑《辰子说林》:"张氏究尚为中国人,于敌阀之压迫朘削,不能无戒心,更不能不隐筹对策。"《科学画报》1947年十三卷三期:"《电世界》本期要目:爱迪生百年纪念、中国电机制造之危机及其对策……电传报纸。"

按,义项二所引民国张慧剑《辰子说林》乃1946年新民报社初版,《近现代汉语辞源》"对策"条"对付的策略或办法"义首举上述《科学画报》例。

【反动】fǎndòng 偏正。❶本指朝相反的方向震动。引申出相反的行动。❷指思想上或行动上维护旧制度,反对进步,反对革命。这是从日语中引进的新义。清曾朴《孽海花》三四回:"也叫一班自命每饭不忘的士大夫还有个存身之地,可以减少许多反动的力量。"蔡和森《蒙古王公与外国资本家的勾结》(1922年):"近日一些反动报纸和通信社发布种种宣传性质的消息,说苏俄与蒙古订立了种种经济的条约。"❸相反的作用。这是从日语中引进的新义。梁启超《在中国公学之演说》:"须知集权与中国民性最不相容,强行之,其结果不生反动,必生变态,此所以吾人虽欲效法欧洲而不能成功者也。"顾志坚等《新知识辞典》(1934年):"在物理学上,反动系对原动(或正动)而言。"①

---

① 此条是笔者在陈波先博士所撰词条的基础上修改而成。

按,义项二中书证《孽海花》最早刊于光绪二十九年(1903年)《江苏》杂志,蔡和森文例稍晚;梁启超《在中国公学之演说》的时间是1920年3月20日,《新知识辞典》例稍晚。

二是并非源自日语的外来词或外来词义,而是汉语本土固有词和词义的情况。这个内容跟本文第一部分相关,牵涉到如何判定日源外来词的问题。另一方面,既是汉语本土固有词或词义,则其使用年代就大大早于《近现代汉语辞源》中所列书证了。例如:

【爱人】ài·ren 偏正。指夫妻或相爱中的一方。最初为动宾词组,《左传·襄公三十一年》:"人之爱人,求利之也。"《论语·颜渊》:"樊迟问仁。子曰:'爱人。'"凝固为词表相爱中的一方首先见于隋代译经,隋阇那崛多译《佛本行集经》卷四五:"时彼门师婆罗门即至于大富婆罗门边,如是白言:'愿大施主增长家计。宿昔何如?于夜卧时消食以不?又复夜共爱人相戏,受于快乐,称意以不?'"中华人民共和国成立前,根据地较多地使用"爱人"这一称谓表示夫妻中的一方,中华人民共和国成立后作为称谓词普遍推广开来,并主要指夫妻中的一方。

按,《近现代汉语辞源》"爱人"条分两个义项:❶丈夫或妻子。❷相爱中的一方。标示义项二源自日语,首举鲁迅1920年所译《一个青年的梦》。然据上述材料,则可知隋代译经中"爱人"已有"相爱中的一方"义。

【带鱼】dàiyú 偏正。一种体长侧扁、形似带子的鱼。朝鲜人崔溥《漂海录》卷二:"驿丞何荣以诗三绝见遗,臣亦和之。荣另将菜馔、干鸡、八带鱼等物以赠。"民国杜亚泉等《动物学大辞典》(1922年):"带鱼,Hair-tail。"

按,"带鱼"一词,《近现代汉语辞源》以为是从日语中引进的,而本条上举崔溥《漂海录》是作者于明弘治元年(1488年)在海上遭遇暴风袭击后在中国的一段经历,"带鱼"一词比《近现代汉语辞源》所列书证早四百多年。

作者工作单位:暨南大学中文系

元明戏曲字词音义札记*

曾 良

摘 要 元明戏曲文献的不少字词如何释读,很值得深入研究。本文以"瞘
晓""鹏哎""撑""家筵""麖"等词语为例,对这些词语的字形和音义作了
考释。

关键词 戏曲;字词;音义;考释

研究汉语词汇的历时变化,必须借助古籍文献,而古籍中往往有众多的俗
写。一个字对应的是哪个词;一个字有多种读音时,具体的音义对应处理等,
我们在研究历时词汇的意义及其演变时,必须注意这些问题。

一、瞘晓

《古本戏曲丛刊》四集脉望馆本元秦简夫《孝义士赵礼让肥》第二折:"我
见他料绰口凹凸着面貌,眼嵌鼻瞘晓着脸脑。"(19/241)关于"瞘晓"如何读
音,是个问题。《汉语大字典》"瞘"字条云:

kōu《广韵》乌侯切,平侯影。又《集韵》墟侯切。

眼珠深陷。《广韵·侯韵》:"瞘,深目也。"《集韵·疾韵》:"眢,《坤苍》:'目
深貌。'或作瞘。"清范寅《越谚》卷下:"眢,摳,深目貌。俗言眼睛晓进即此。
瞘同。"元佚名《叨叨令过折桂令·驮背妓》:"眼儿瞘,鼻儿凸,驱处走了猢狲
怪。"《醒世恒言·两县令竞义婚孤女》:"萧雅一脸麻子,眼瞘齿齫,好似飞天夜
叉模样。"又凹陷。《水浒全传》第十五回:"瞘兜脸两眉竖起,略绰口四面连拳。"
元秦简夫《赵礼让肥》第二折:"我见他料绰口凹凸着面貌,眼嵌鼻瞘撬着脸脑。"

按:所引《赵礼让肥》语例误录为"瞘撬",盖与不明"瞘晓"为何义有关。

---

* 基金项目:本文为国家社科基金重大项目"宋元明清文献字用研究"(19ZDA315)阶段性成果。

"曉"字，《全元戏曲》据《元曲选》本《赵礼让肥》校为"撬"。（5/9）《元曲选》音释曰："眍，枯娄切。"（452页）《汉语大字典》"曉"字条云：

> kōu《广韵》恪侯切，平侯溪。又乌侯切。

> 同"眗"。眼睛凹陷。《集韵·疾韵》："眗，《埤苍》：'目深貌。'或作曉。"

《汉语大字典》"眗"字条，此义项读墟侯切，引清范寅《越谚》卷下："眗，深目貌。俗言'眼睛曉进'即此。"《水浒全传》第十五回的"眍兜"语例，胡竹安《水浒词典》"眍兜"条释为"即凹兜。凹折。"还举了它书例子："《猛烈那吒三变化》二折：'一个个甌兜脸丑头怪脑。'按：'甌'是'眍'的借字。《初刻拍案惊奇》卷十九：'但见：偓兜怪脸，尖下颏生几茎黄须。'按：'偓'也是'眍'的借字。"（252页）但是《水浒词典》"眍兜"标音为"kōudōu"，此处"眍"当音歐。

其实，"眍""偓""甌"记录的是同一个词，音甌。眍，《广韵·侯韵》乌侯切，故与"甌"音同。又作"眗"，《集韵·侯韵》："眗，《埤苍》：'深目貌。'或作眍。"《宋本玉篇·目部》："眍：口侯切，又音歐。"（88页）说明"眍"有两个读音。王建军主编《清至民国岭南杂字文献集刊》第3册《东园杂字大全·常谈类》："眍暧瞟眯。"（3/318）"眍"字旁注音"歐"，天头注释曰："眍，深目貌。"说明"眍"可以音歐。《赵礼让肥》的"眼嵌鼻眍曉着脸脑"句当如何理解？因为与上句"料绰口/凹凸着面貌"对文，则下句的语意切分显然当作"眼嵌鼻/眍曉着脸脑"。"眍曉"同"甌撬"，凹陷的意思。由眼睛的凹陷可泛指脸面等方面的凹陷。下面看"眍"字单用的例子：

> 元佚名《叨叨令过折桂令·驮背妓》："眼儿眍，鼻儿凸，驱处走了猢狲怪。"

> 《古本小说集成》明刊本《醒世恒言·两县令竞义婚孤女》："萧雅一脸麻子，眼眍齿齙，好似飞天夜叉模样。"（4页）

> 《醒世恒言》："东坡因小妹双眼微撬，复答云：'几回拭脸深难到，留却汪汪两道泉。'"（589页）

> 《西洋记》第九十七回："道犹未了，一个毛头毛脸，撬眼凸腰的老猴，一觳觫吊在面前。"（2630页）

《西洋记》第六十二回："番王还不曾开口,班部中闪出一个老臣,愁眉偏眼,徕嘴尵牙。"(1676页)此读欧音。

可以看出｛瞘｝一词单用的时候,既有读欧音,又可读抠音。《俗书刊误》:"目深曰暁(音抠,又音讴)。一作瞘,又作眗。"但"瞘暁"连在一起怎么读?联系近代汉语还有"瞘抠""甌抠"等的写法,应该读 ōu kōu。清范寅《越谚》卷下:"眗抠,深目貌。俗言眼睛暁进即此。瞘同。"《汉语大字典》"瞘"字条引《越谚》将"瞘抠"点断为两词。《古本董解元西厢记》卷二:"从者诸人二百余,一个个器械不类寻常。生得眼脑甌抠,人材猛浪。"[①]《古本戏曲丛刊》四集脉望馆本《黄廷道夜走流星马》第三折:"契丹达子眼歐抠,眉倒麓。"(14/540)《古本小说集成》明刊本《大唐秦王词话》第四回:"制节乍闻心胆怒,暗思难恕小秦君。甌抠脸上生杀气,虎将腮边冒火云。"(87页)《汉语大词典》"甌抠"条:"凹凸不平。形容相貌奇异。金董解元《西厢记诸宫调》卷二:'从者诸人一二百余,一个个器械不类寻常,生得眼脑甌抠,人材猛浪。'"《大唐秦王词话》第二十八回:"面蓝发赤眼瞘抠,侧坐雕鞍跨紫骝。数尺齐眉浑铁棍,军中骁勇最为头。"(583页)

因"瞘""暁"或音于教切,故或作"凹"。《类篇·目部》:"瞘、暁:乌侯切,目深也。或作暁,又并墟侯切。暁又口教切,又於教切,又於绞切,文二,重音四。"(115页)《续修四库全书》本《篇海类编·身体类·目部》:"暁:乌侯切,音甌,深目貌。又驱侯切,音抠,注同,亦作瞘。又於绞切,音抝;又於教切,音鞠,注同。"(230/14/a)《元曲选》马致远《黄粱梦》第三折:"白云不扫,苍松自老;青山围绕,澹烟笼罩;黄精自饱,灵丹自烧;崎岖峪道,凹苔岩壑;门无绰楔,洞无锁钥;香焚石桌,笛吹古调。"(364页)《元曲选》附《音释》:"凹:音腰。""凹苔"当是凹容。王建军主编《清至民国岭南杂字文献集刊》第2册《新录杂字汇编原本·土器门》:"烟墩起坭坳,岂无坭塔坭坟坭屋城。"(134页)"坳"字旁注音"甌",说明"坳""甌"同音。所以"暁抠"或作"凹抠",或作"抠

---

① 《古本董解元西厢记》,上海古籍出版社1984年版,第56页。

凹"等。再看下面例子：

《古本小说集成》清刊本《儿女英雄传》第三十四回："生得凹㩴眼，蒜头鼻子。"（1625页）

《古本小说集成》清刊本《续西游记》第三十三回："此人自西至，五短小身材。㪍眉凹眼角，尖嘴又缩腮。"（583页）

《古本小说集成》清刊本《续西游记》第六十九回："长老临付封袋时，曾说那圣僧毛头毛脸，毂眼凹腮，便快拆封看罢。"（1229页）

近代汉语还有"瞘兜"一词，或作"偃兜"，一般音读歐兜。例如：

《西洋记》第六十二回："西海蛟未及开口，先有番王第三个太子，长身黑脸，偃眼兜腮。"（1679页）同前："两家子正杀在酣处，一声海螺响，陈都督背后撞出一员番将来，长身黑脸，偃眼兜腮，骑着一匹番騣马，使着两口合扇刀。"（1687页）

《西洋记》第十六回："一个个擦掌摩拳，龇牙俫齿，略略绰绰，那里再寻这个混世魔王？一个个横眉竖发，斗角拳毛，偃偃兜兜，就是生成狠的当年太岁！"（412页）

"偃兜"的"偃"，不读於武切，《群经音辨》卷五："區：量器也。"注："乌侯切，四豆为區。""偃"当是"區"字的加人旁。《中原音韵》十六尤侯韵"謳鷗漚甌歐區"为同音字。"瞘"在"瞘兜""瞘㩴"等词中，一般读乌侯切。或写"甌兜"，如《古本戏曲丛刊》四集脉望馆本《猛烈那吒三变化》第二折："众鬼王一个个大模势样，一个个乔所为，且是张智；一个个甌兜脸丑头怪脑，一个个猢狲样则少一张猿皮。"（28/209）但偶有读恪侯切的，或作"兜㪍"。如《西洋记》第三十五回："唐状元起头一看，只见他兜㪍眼，扫帚眉，高鼻子，卷毛须，骑一匹红騣烈马，使一杆三股托天叉。"（935页）"兜瞘"的"兜"，如果再往前溯源即是"䁩"字。《宋本玉篇·目部》："䁩：都侯切，䁩瞘，目深也。"（88页）《类篇·目部》："䁩、䀽：当侯切，目蔽垢也。或作䀩。文二。"（115页）或作"䁱"，《篇海类编·身体类·目部》："䁱：当侯切，音兜，䁱瞘，目深。"（230/14/b）"䁩"据《集韵》可作"覷""䀽"诸形，《集韵》下平声十九侯韵：

"**眗**、**睅**、**睅**：《说文》：目蔽垢也。或作**睅**、**睅**。"或改从"頁"旁，义同。《续修四库全书》第 230 册《篇海类编·身体类·页部》："顧，乌侯切，音甌，面折不平。"（4 页）王建军主编《清至民国岭南杂字文献集刊》第 2 册《新录杂字汇编原本》："公和尚，缩头顧面且**頣**领。"（2/139）"**頣**"字旁注："兜。石岩也。"该杂字为客家话，说明"**頣**"字音兜，即"**頣**"的稍变无疑。"石岩也"是释义，凹陷进去似石岩。"**頣**""兜"是同音字。"**頣**"字，《集韵》当侯切，《集韵》下平声十九侯韵："**頣**：顧**頣**，面折。"可见"**睅睅**"是用于表述目，"顧**頣**"是用于头，从词义上说没有什么不同。《宋本玉篇·页部》："顧**頏**：上乌鉤切，下奴兜切，面折。"（79 页）估计"顧**頣**""顧**頏**"是同义词，因都释为"面折"。《篇海类编·身体类·页部》："**頣**，当侯切，音兜，顧**頣**，面折也。"（4 页）盖"**睅**"等字难写，后世多写同音字"兜"代替。

二、鵬吺

《古本戏曲丛刊》二集明刊本《麒麟閣》第二十二出："奠鼎西周，一杀鵬吺志未酬。"（4/313）"鵬"是"鵬"讹混，鵬吺即驩兜，四凶之一。俗写"丹""舟"易混，如"彤"俗或作"舟丹"。《古本戏曲丛刊》二集明刊本《东方朔偷桃记》第十八出："彤云密布，冰花乱扑。"（15/86）眉批："彤音同。"《古本戏曲丛刊》二集明刊本《妆楼记》第二出："丹青难染娇模样。"（17/10）再看看"舟"的写法，据中国历代书法家系列《草书大字典》，朱熹的"舟"字作"丹"。[1]《广韵》上平声二十六桓韵："膒，膒兜，四凶名，古文《尚书》作膒。"（106 页）"膒"是"鵬"之讹。《广韵》同此小韵的"鵬"字实作"**鵬**"，与"鵬"非常形似。又"膒"字，《巨宋广韵》作"**舟丹**"。[2]《集韵》上平声二十六桓韵："膒，鵬吺，四凶之一，通作鵬，今通作驩。"（147 页）《康熙字典·月部》"膒"字："按《书》古文训作'鵬吺'，丹讹从月，鸟讹为曷。"盖俗写中"曷""鸟"

---

① 《草书大字典》，中国书店 1983 年版，第 1127 页。
② 陈彭年：《钜宋广韵》，上海古籍出版社 1983 年影印，第 77 页。

旁易讹，即可洪所谓"蝎画螗形，竭书鸰体"①，即"蠍"俗作"蝎"，又讹为"螗"。脂或作"膌"，《龙龛手镜·肉部》："脂、膌：二俗，音欢。"（410页）日本狮谷白莲社本慧琳《一切经音义》卷七三"鲁脂"条："此古歡字，音呼官反。此应作膌，罗盍反。"

　　方以智《通雅》卷二十："颜吺、脂吺，即驩兜，《尚书》古文作鹢吺，韩退之有'关弓射鹢吺'。《书疏》引驩頭，郝氏一作讙朱。弱侯引韩诗作颜殳。"②按：引文中的二"鹢"字，四库全书本《通雅》卷二十均作"脂"。宋蜀刻本《昌黎先生文集》卷八《远游联句》："开弓射鹢吺。"（226页）宋蜀刊本《新刊经进详注昌黎先生文》卷八《远游联句》："开弓射鹢吺。"文谠注："鹢音嘲。《尔雅》云：鹡鹢，似山鹊而小，短尾，至春多声。《东京赋》云：'鹡鹢春鸣'，是也。吺，多言兒，音当侯切。而刘贡父云：鹢吺，即驩兜字。未详。"王俦补注："鹢吺，《集韵》以为四凶之一。"③可以肯定的是，不管写"脂吺""鹢吺""鹢兜"等，均是⎨驩兜⎬一词的异写。古籍中"舟""月""丹"讹混，如"服""俞""朕""腾""勝"的"月"旁均是"舟"讹变④，"青"的下部是"丹"讹变。宋郭忠恕《佩觿》卷中云："冎冄月月：上偏旁舟，二偏旁丹，三偏旁肉，下鱼曰翻。"⑤"丹"还有不同的写法，《五经文字》卷上目录云："卅二丹部（又作冄）"⑥可以看出四个偏旁是容易讹混的。清吴玉搢《别雅》卷一："脂吺、鹢兜、讙頭，驩兜也。《尚书》：放驩兜于崇山。古文《尚书》作鹢吺，《神异经》引《书》作脂兜，《广韵》作脂。韩退之诗：关弓射鹢吺，焦弱侯引作颜殳。汉《郑季宣碑》有云：虞放脂□。下一字虽残缺，详其义，盖指驩兜，其字正从鸟。则作脂与颜者，皆误书也。《管子·侈靡篇》：脂然若谲之静。正用脂为歡字。《山海经》有讙頭国，注：讙兜，尧臣，兜通作頭。按《史记·十二诸侯年表》：宋景

① 见可洪：《新集藏经音义随函录前序》，《中华大藏经》第59册，中华书局1993年版，第547页。
② 方以智：《方以智全书》第一册，上海古籍出版社1988年版，第687页。
③ 《新刊经进详注昌黎先生文》，宋蜀刻本唐人集，上海古籍出版社2012年影印，第700页。
④ 参张参：《五经文字》卷上，《丛书集成》初编本，商务印书馆民国25年版，第21页。
⑤ 郭忠恕：《佩觿》卷中，《丛书集成》初编本，商务印书馆民国25年版，第61页。
⑥ 张参：《五经文字》，《丛书集成》初编本，商务印书馆民国25年版，第1页。

公頭曼,《汉书·古今人表》作兆樂,兆、頭声相似也。"许瀚《别雅订》云:"案:但是丹声即合,不定孰正孰误。"①

"舟""月"二部件讹混,可能在古文字中已见。《睡虎地秦简》日甲 80 背:"名豚孤夏谷□亥。"日甲 157 背:"肥豚清酒美白粱。"《周家台秦简》351:"侍(持)豚。"又 352:"斩豚耳。"秦简牍中豚豕之{豚}除了记作"豚"和"𧱬"之外,《岳麓秦简》(壹)《占梦书》16 贰还作𧱖,可以隶定作"豂"。《龙岗秦简》34 简:"取其豺、狼、貒、𧱙、狐、狸、榖、□、雉、兔者,毋(无)罪。"②"𧱙"字过去有"貂""貉"等释读,其实与𧱖字一样,都是从舟从象,只是左右移位而已。"豂"或者"䝤"都当看作是"豚(豚)"的一种讹体,放在龙岗简的文句中,释作{豚}文从字顺。

三、撑

《古本戏曲丛刊》初集明刊本《李卓吾批评幽闺记》第十八出:"(老旦)看他举止,与我孩儿也不怎撑。小娘子厮跟去,你可心肯?"(4/298)《续修四库全书》之《六十种曲》本亦作"撑"(1769/373/a)。"撑"字费解。《幽闺记》又名《拜月亭》,《古本戏曲丛刊》初集明刊本《重订拜月亭记》第二十折作:"(夫认介)小娘子,看你举止,与我孩儿也不甚争。厮跟去,你心肯?"(4/68)如此看来,"撑"当是"争"的音借字,谓争差、相差。方俗音"撑""争"同音,如《古本戏曲丛刊》初集明刊本苏复之《重校金印记》第二十九出:"昨夜得一梦,梦见我的儿夫,头角峥嵘回来。"(10/525)眉批:"峥嵘,音撑弘。"第三十四出:"四下排着披衣挂甲的百万貔貅,勇勇狼狼,狰狰狞狞。"(10/534)眉批:"狰音撑。"又第四十一出:"叔叔,自古道:宰相肚里好撑船。"(10/564)眉批:"撑音峥。"《古本小说集成》万卷楼本《三国志通俗演义》卷二《吕布月夜夺徐州》:"宫曰:'只在小沛,何日峥嵘?'"(271 页)注:"峥音撑,嵘音宏。"《古本戏曲丛刊》二集明刊本《东方朔偷桃记》第三出:"峥嵘"二字,眉

---

① 许瀚:《别雅订》,《丛书集成》初编本第 1175 册,商务印书馆民国 25 年版,第 18 页。
② 《龙岗秦简》,中华书局 2001 年版,第 27 页。

批："峥音争，嵘音弘。"（15/17）《古本戏曲丛刊》初集明刊本《重校金印记》第二十三出："睁睁两眼难分手。"（10/497）眉批："睁音争。"睁、狰，《广韵》均有音疾郢切，属从母。也有"睁"字写"撑"的，《古本戏曲丛刊》三集明刊本《情邮传奇》第十三出："我一时间倦眼难撑，我一时间倦眼难撑，软哈哈头低足轻。"（8/385）

别的地方还有"撑"作争差义讲的语例。《古本戏曲丛刊》三集明刊本《画中人传奇》第八出《离魂》："（小旦背介）小姐好像失魂的光景，老夫人门外恰好遇见。比那倩女离魂，也不恁撑。"（8/70）剧情是说老夫人看到小姐的生魂出门去，故说比那倩女离魂也不怎么争差。

四、家筵

《古本戏曲丛刊》二集明刊本《四美记》第十八出："子幼妻单，夫去天涯不见还。亲老须无恙，争奈家筵荡。"（19/53）《古本戏曲丛刊》初集明刊本《刘智远白兔记》第二十四折："况取轻狂好酒，赌博输钱，日费千千贯，把家筵都荡尽，不知惭。"（5/294）"家筵"当释读为"家缘"。同戏曲还有写作"家筵"的，第四折："何苦把家筵，荡尽千千万，都是我将此身饥又寒。"（5/224）《古本戏曲丛刊》二集明刊本《袁文正还魂记》第七出："谢得公公意太深，我如今只得打叠登程。此去家筵仗托你，若得成名报大恩。"（1/491）同前："今霄（宵）且把家筵弃，来日清晨赴帝京。"（1/493）《古本戏曲丛刊》二集明刊本《八义双杯记》第二出："只因家筵消乏，更值凶荒，亲识全无，倚依徒想，子幼势孤，如何是好？"（19/151）第四出："家筵大，广有才，平生善良人所推，幼女日萦怀。"（19/161）"家筵"就是家缘，包括家资、家产等，是个跟佛教有关的语词。项楚先生有论及"生缘"指家乡、亲属等义①，"家缘"是类似的造词。《古本戏曲丛刊》初集明刊本《丹桂记》第十八出："家缘不窘，家缘不窘，田园无尽，金珠不吝。"（40/309）同前第二十九出："又不是为赔钱货，怎却把家缘

---

① 参项楚：《王梵志诗校注》，上海古籍出版社1991年版，第102页。

破。"（40/358）《古本戏曲丛刊》二集明刊本《鸳鸯棒》第二出："论家缘虽广有，堪叹世情薄。"（31/19）《汉语大词典》已收"家缘"条。

家缘写作"家筵"者不少。《古本戏曲丛刊》二集明刊本《八义双杯记》第三十六出："家筵大，谁主张，诚然难以离家乡。"（19/287）《古本戏曲丛刊》二集明刊本《窦禹钧全德记》第二十四出："冷潇潇家筵穷败，病沉沉年华高迈。"（10/83）《古本戏曲丛刊》二集旧钞本《元宵闹传奇》第二折："上丧椿萱，每怀风木之悲；下无手足，常忆池塘之咏。幸遗家筵丰厚，田地肥饶，赖此笃志经书，潜心韬略。"（38/132）《古本戏曲丛刊》五集清刊本《芙蓉记》第七出："〔末〕儿，非是咱不忖家筵，〔丑〕爹爹，这人情做不得。"（2/355）

因古籍俗写"缘"与"绿"讹混[①]，"家缘"或有讹作"家绿"的。《古本戏曲丛刊》二集明刊本《鸳鸯棒·话柄》："痛钱翁漂泊，家绿破荡，此际堪怜，又把糟糠旧妇推落江边。"（31/14）

五、龎、厐

《古本戏曲丛刊》二集明刊本《西湖记》第十四出："曲栏杆花径苔封，吷吷龎声唤。痴迷那解元，痴迷那解元，所为颠倒颠，桂花不折向闲藤蔓。"（20/56）眉批："厐音忙。"按：此"龎"是"厐"的俗字，是｛龙｝这个词的异写。古籍中"龎""厐"经常讹混。《古本戏曲丛刊》二集明刊本《剑侠传双红记》第十四出："（丑上）官为狗监实难当，终日奔波喂老龎。衙门在那厢？些须薄俸粮，好歹拖翻吃大棒。"（18/402）这个"龎"应该释读作"厐"，"老厐"指老狗。在具体上下文中，可以看出，此人官为狗监，自然终日奔波喂狗为事。"厐"为何会写作"龎"？跟"龍"的俗写有关。"龍"字俗写或作"龙"，如《古本戏曲丛刊》二集旧钞本《续精忠记》第九出："建常宫阙荷龙光，万国咸宗仰。"（19/454）第十一出："龙潭虎窟片时休，蛮烟瘴雨权消受。"（19/466）第十二出："吃的是风随（凤髓）龙肝，到如今忍冷担饥，怎生过日吓！"（19/471）

---

① 参曾良：《明清小说俗字研究》，商务印书馆 2017 年版，第 101 页。

　　《古本戏曲丛刊》三集明刊本《新刻宋璟鹣钗记》第八出："帘外频回燕，门前但吠厖。一回与一闹，由缘客在堂。"（3/167）就"厖"的字形本身来说，明显即"厐"的异写。但这里"厐"当释读作"厖"，指杂毛狗。《诗·召南·野有死麕》："有女如玉，舒而脱脱兮，无感我帨兮，无使尨也吠。""尨"或作"厖"，宋林希逸《题江贯道山水四言》："有吠者厖，有樵者翁。"《古本戏曲丛刊》二集明刊本《西湖记》第十四出："吠吠厐声唤，痴迷那解元。"（20/56）眉批："厖音忙。"按："厐"当是"厖"的俗写。《古本戏曲丛刊》二集明刊本《咏怀堂新编勘蝴蝶双金榜记》第十六出："梁上栖双燕，花间吠小厐。"（33/319）"厐"当释读为"厖"。

　　又"宠"字或俗作"冟"。《古本戏曲丛刊》二集旧钞本《续精忠记》第二十五出："夫君返赠王爵，双（两）儿俱已封公，备极冟荣。"（19/528）同前："且喜忠孝相传，萃于一门，天恩冟赐，当世莫比。"（19/529）

　　《古本小说集成》清刊本《万花楼演义》第五十九回："刘太后听罢，换（唤）一声：'果也不妙，危矣！'顷刻面厐失免（色），玉手发振腾腾。"（800页）"厐"字不能读mang，而是"厖"的俗字，因"龐"的俗写会写"厐"。《万花楼演义》第六十回："宋天子龙目泪如一线。"（807页）第六十五回："天子龙目中纷纷下泪，是即颁旨，往无佞府。"（868页）"龙"即"龍"的俗写。

　　因为一字记录二词，古人也有在词音、词义上搞混了的情况。《元曲选》关汉卿《温太真玉镜台》第一折："我这里端详、他那模样：花比腮厐，花不成妆；玉比肌肪，玉不生光。"这里"腮厐"就是"腮厖"的俗写。附《音释》曰："厐，音忙。"[1]本来"厐"应读"厖"音，然而，俗字又是另一个词的正字，"厐"的正字读法是"音忙"，此为将正字的读音移接到"厖"的俗字上。《元曲选》杨显之《潇湘雨》第一折："则见他身儿俊俏，厐儿秀。"末附《音释》曰："厐，音忙。"[2]"厐"当是"厖"的俗字。《元曲选》李直夫《便宜行事虎头牌》第二折：

---

① 臧懋循：《元曲选》，浙江古籍出版社1998年影印，第55页。
② 《元曲选》，浙江古籍出版社1998年影印，第127页。

"则我那银盆也似厖儿腻粉钿,墨锭也似髭须着绒绳儿缠。"①末附《音释》曰："厖,音忙。"《元曲选》贾仲名《铁拐李度金童玉女》第二折："俺这对美爱夫妻宿缘招,俊厖儿落雁沉鱼貌。"②《音释》曰："厖,音忙。"《元曲选》乔孟符《杜牧之诗酒扬州梦》第三折："端详着厖儿俊,思量着口儿甜,怎肯教意儿差。"③《音释》曰："厖,音忙。"《元曲选》吴昌龄《花间四友东坡梦》第四折："正夜静更长,对月貌花龎,饮玉液琼浆。"④《音释》："龎,音忙。"《古本戏曲丛刊》三集明刊本《红蕖记》第三十八出："在湖滨作镇,舟姬瞻觐,这绿袍的偶尔相逢,还向水湄偷问,行吟的好个俊厖。"(1/417)眉批："厖,音忙。"戏曲中"龐""龎"俗写或作"厖",由于文字上的原因,作脸庞讲时,或讹读成忙音了,不是个别现象。

因为俗写已将"厖""龐"二正字混同,故有时古籍中还有"厖"俗作"龎"的。《古本小说集成》明刊本《有夏志传》卷一："有一老人,龎眉白发。"(59页)《古本小说集成》明刊本《三保太监西洋记通俗演义》第八回："疗饥却忆龎眉叟,深隐商山避姓名。"(214页)"龎眉"应该就是"厖眉"无疑。"厖"为杂的意思,《文选》卷五十一王褒《四子讲德论》："厖眉耆耇之老,咸爱惜朝夕,愿济须臾。"李善注："厖,杂也。谓眉有白黑杂色。"《古本小说集成》景宋残本《五代史平话·汉史上》："厖眉狱子执黄荆,努目杖家持法物。"(201页)《古本戏曲丛刊》二集明刊本《冬青记》第四出："万里孤臣无计挽,只赢得龎眉双皱。"(17/345)"龎"本应作"厖",因"龍"字俗写或作"龙",故俗写还原致讹。这样,我们也能弄清楚在字典里为什么"龐"的异体字会有作"厖"的。

"龐"俗写作"厖"。《古本戏曲丛刊》二集明刊本《灵宝刀》第二十二出："雄心虽在,厖儿逾瘦,单因这眠霜卧雪,苦楚甘受。"(4/484)《古本戏曲丛刊》二集明刊本《樱桃梦》第五出："朦娇眼,软醉厖,看他做弄许多腔。"

---

① 《元曲选》,第197页。
② 《元曲选》,第497页。
③ 《元曲选》,第369页。
④ 《元曲选》,第565页。

（3/312）第十六出："下长安千重旅愁，到长沙十分庬瘦。"（3/368）又第二十九出："将送字儿推，把肯字儿藏，姐姐你只道玉台前曾窥温峤庬。"（3/435）

参考文献：

胡竹安编著：《水浒词典》，汉语大词典出版社 1989 年版。

王季思校注：《西厢记》，上海古籍出版社 1978 年版。

王建军主编：《清至民国岭南杂字文献集刊》，广西师范大学出版社 2020 年版。

王力：《汉语语音史》，中国社会科学出版社 1985 年版。

项楚：《王梵志诗校注》，上海古籍出版社 1991 年版。

徐时仪校注：《一切经音义三种校本合刊》，上海古籍出版社 2012 年版。

曾良：《明清小说俗字研究》，商务印书馆 2017 年版。

作者工作单位：安徽大学文学院/语言学与汉语史研究中心

清嘉庆以来偃师地区流行的识字教材*

——《分类俗言杂字便览》述要

王建军　丘　妮

摘　要　嘉庆年间，河南偃师耆儒裴金璋编纂《分类俗言杂字便览》，此杂字书曾在郑州、洛阳等地广泛流传。这是一册汇集当地方言俗字的识字教材，全书体例清晰，口语性强，保留了清早中期河南偃师地区大量的方言俗字，同时这些来自民间底层的杂字文献对丰富语言学理论也有重要的价值。

关键词　杂字；方言俗字；偃师方言词

　　笔者有幸搜购到清嘉庆年间偃师地区《分类俗言杂字便览》（以下简称《分类俗言》）三册，两册为刻本，一册为抄本。一册刻本征集于洛阳书肆，另一册刻本和抄本征集于郑州书肆。[①] 由是知此种杂字在河南偃师及周边地区流行广泛。两种刻本属同一种版本，除了用纸宽窄不同外，两书内容、字体表现均一致。洛阳本《分类俗言》前缺书名页、序言，后缺日用应酬等内容，但正文主体部分文字清晰，开卷了然。郑州本《分类俗言》则完整无缺，书名页分左中右三栏，中栏双行题"分类俗言杂字便览"，右栏题"末附写贴称呼"，左栏下题"景德福

---

* 基金项目：本文为国家社科基金一般项目"清中期至民国岭南杂字文献的发掘、整理及方俗字词研究"（20BYY130）阶段性成果。

① 截至目前，笔者共调查到《分类俗言》五种，其中四种为刻本，一种为抄本。笔者藏《分类俗言》木刻两册，手抄一册；北京杂书馆藏刻本一册；江西师范大学温海波老师藏刻本一册。笔者所藏两册刻本与温海波老师所藏刻本为同一种版本，甚至来自同一书坊。北京杂书馆所藏《分类俗言》与其他三种刻本的刻坊不同，是否为同一版本系统待考。笔者所藏抄本《分类俗言》与刻本正文相同，但正文缺小字注释，少序言，为引证内容准确真实，下文以考察刻本《分类俗言》为主，抄本为辅。

藏板",书名页天头刻有"同治二年新镌"。《分类俗言》正文前有"分类俗言杂字便览序"和"俗言杂字刻板小说"两序言,第一篇序末署"嘉庆九年岁次甲子阳月七旬耆儒同仁堂裴金璋玉亭氏序",下钤有阳文、阴文印章各一方。阳文印"裴润融印"四字,阴文印"融"单字。第二篇序末署"同仁堂非衣氏志",非衣即为裴,这种将姓字拆开的署名方式在杂字中不多见。《分类俗言》对河南偃师地区的语言文字、民俗文化以及识字史的研究,有重要价值。

 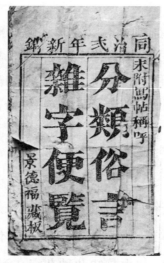 

洛阳本《分类俗言》　　　郑州本《分类俗言》　　　抄本《分类俗言》

一、《分类俗言》的内容和体例

笔者藏郑州本《分类俗言》序清楚地交代了作者生平、此书性质及编纂目的:

考杂字之传,汗牛充栋,不可枚举,何须更集?所必集者,以杂字虽博而凑句成词,多不合俗言,恐为幼学难解耳。且今人性急,当入学之始,常矢志曰:"读三五年,求上过历则可矣。"及读期已满,而历之不能上如故者,何也?良由为学时贪读四书,不习杂字耳。其不习乎?非不欲习也,以先生不教耳,其不教者非倦教也,自杂字纷出,如桎橀等字,种种不一,不列《字汇》,多系妄作,致先生无所察照,以为教学生无所遵循,以为学不能得心,向以应手,欲三五年而上历也,不诚难哉。余窃憾焉,久有纂辑杂字之志,特为举业所累,未得如愿。甲子年馆铁仙庄,功名念衰,自伤老备无能,杂字之集心思复兴,因于平生目之所睹、耳之所闻,留心拣选,取证《字汇》,以求的当。杂字中之字证不明者,则仍之,如舅妗之妗、低垎之垎字是也;证明者则易之,如鎗刀之鎗、鰊鳙之鰊字是也;有不知者则阙之。兢兢业业,不敢妄作,务使类分句联,音明语俗,无论学问大小,皆能一见了然。诚加留心,牢记之功,三五年间,不但上历不难,即写贴□□有哉。因名之曰《分类俗言杂字便览》,非沽名也,聊以为写生平之鄙,愿云尔,是为序。嘉庆九年岁次甲子阳月七旬耆儒同仁堂裴金璋玉亭氏序。①

序言落款为嘉庆九年(1804),并标明作者为"七旬耆儒",由是知作者裴金璋当生于乾隆元年前后。裴氏一生科场失意,最后成私塾先生,久有纂辑杂字之志,他认为当时的杂字书虽然汗牛充栋,不可枚举,但"多不合俗言,恐为幼学难解耳",于是裴氏撰书目的是"音明语俗,无论学问大小,皆能一见了然",《分类俗言》是一部口语性质很强的乡土识字教材。正文页次行下题有"偃师刘涧裴金璋玉亭氏纂辑"。刘涧原为刘水,《水经注》:"水出半石东山,西北流于刘聚,三面临涧,在缑氏西南周畿内刘子国,故谓之刘涧。"刘水因流经刘国故城遗址而得名,后人也有将刘字加水旁,写作浏水,当地人也叫浏涧河,其源头在当今府店镇西管茅村南的峪后,向西北流经任才村、双泉村、齐家窑、郑窑村,入擂鼓台水库。②《分类俗言》当收录了大量偃师县府店镇一带老百姓经常碰到的方言俗字。

序言二《俗言杂字刻板小说》则详述《分类杂字》的成书过程:

余历三载,劳心疲神,几至于病,成杂字一帙,共分三十余类,其中如忐上、忑下、聱齖、倔强、闲淡等字,备载颇多,意欲教读时,留益后学也。既而思之,窃虑不能,盖余老矣,教无几矣。况此字乃余家藏,非公共也。从吾游者,得见而习之,

---

① 裴金璋:《分类俗言杂字便览》,同治二年(1863)景德福藏板。
② 笔者亲赴府店镇调查得知,府店镇辖29个行政村:府西、府南、府北、杏沟、曹窑、杨窑、史家窑、安乐、柏峪、佛光、东窑、来定、牛窑、任窑、车李、新寨、周寨、庙前、西口孜、东口孜、西管茅、东管茅、夹沟、寨孜、刘村、双塔、参驾店、韩庄、唐窑。其中佛光、刘村、双塔三村依旧存有裴姓,但未见裴金璋详细身世文字材料。

不然见且难得,何由能习?而余之谆谆教思,一派婆心,所欲留益后学者,不几泯乎?嗟乎!公心难昧,私教不忍,反复图维,计无所出,时有良朋,劝以绣梓,求随所愿,余虽恍然,却苦无财,而神之所注,实不能已,因与三十余类,极为选择闲淡者删之,关切者存之,仅余数类,镌以自售,至大家名儒,见知见哂,俱置不论。①

由序言二知,《分类俗言》原编共三十类,后"选择闲淡者删之,关切者存之",目前所见仅二十一类:天文、地舆、身体、饮食、肉菜、果品、服色、亲眷、宅舍、家具、农具、人事、农事、生意、杂货、神圣、粮草、音乐、残疾、鸟兽、昆虫等。但如果加上附录五味(附饮食后)、烹调物料(附肉菜后)、树木(附果品后)、布帛(附服色后)、匠具(附农具后)、女工(附人事后)、文士(附农事后)、鳞介(附昆虫后)等八类,实际上有二十九类。同时文末增加日用应酬类,应该就是裴金璋所说的三十类,"选择闲淡者删之"可能多为内容被合并,文末日用应酬类不仅能让读者认识日常用字,其中请帖、婚事诸式、亲属称呼等内容还有礼仪传授功能。

類目

天文類 附五味　地輿類 附物料　身體類 附樹木

欽食類　肉菜類　果品類

服色類 附布帛　親眷類　宅舍類

家具類　農具類 附匠具　人事類 附女工

農事類　生意類　雜貨類

神聖類　粮草類　音樂類

殘疾類　鳥獸類　昆蟲類 附鱗介

看字法　字旁小字者音字也　假借者取字之法也　音字下或為假或寫借　旁加無字者　字裏無他書者有也　字裏見他書者則批曰出

增補寫帖稱呼婚書諸式

某書　字音不出者音下加平上去入以辨之　字有一字两字三字四字成解者

---

① 《分类俗言》,第4页。

全书内容丰富，体例清晰，耆儒裴金璋自称"不敢妄作，务使类分句联"。正文四言成句，朗朗上口，可读性强，如《人事类》：

人事類
孝順父母　尊禮長上
教訓子孫　管教兒郎
修橋補路　典地置庄
娶媳嫁女　賠奩做妝
修造動土　竪柱上梁
開市交易　貿原病治窑
清治刷頭　洗澡搓摩
觀親會友　碓磑安放
作揖磕頭　打扮升降
搽胭抹粉　打扮梳妝
迎神還願　許猪賽羊
榨酒踏麴　淋醋拌糠
搬桌搬座　掃地翻窗
鑄鐘鑄磬　勒石套缸
慕化立碑　打造裁絅
趕集上店　完糧納當
使錢受賄　出貨走當
倩枚打馬　打賭擊掌

愛敬親戚　和睦鄉黨
理療家業　照顧里鄉
結婚聯姻　計酌商量
養生送死　啟攢安葬
上官入學　祀財牧養
伐木祭祀　社帶安床
裁種莊稼　修齊
扶乩問卜　拱手作揖
抽籤打卦　禱告燒香
領性獻袍　培侍謝讓
接風洗塵　錢行送藏
掏火提茶　扱飯昌湯
嬌勞幹娘　盟問誓謊
迎人待客　溫居看唱
接官應府　趕會看唱
俵散東西　安插事頭
掛帳撐棚　擺款排場

这种"类分句联"的日用文字汇编，可谓乾嘉年间偃师地区乡村日常生活的立体图，除识字功能外，书中所记载内容对即将或者已经消失了的传统民俗文化有重要的资料价值，又如《农事类》：

農事類
聖王治世首重農桑
春耕夏耘　秋收冬藏
黍種稷栽　插稻粱
學斂鋤黍稷　住收放
頒草刈柴搬坏　砌墙
棚棚墁地　墁墳埋椿
搵土壩培　挑坑空方
出糞蔍鋪　擔水澆塸
抬柴生火　糞火滾湯
漚麻撈火　搨土摘花菜桑
搵土壩培　挑坑空方
黑種黍稷栽　插稻粱
聯明昏黑　不閑常忙

勤儉慈綽　煩情餓荒
爬抓撐拝　挣貲財興旺
養蠶取絲　相地鎮墙
經緯粗細　經絡洞梳
鑢柚乱花　捆撲撑紡
針灸疾痛　付驗藥方
銅錄爛鍋箍　扡破缸
牲口矮飽　碓淮除光
難醬塵料　禾篩穀穗
火療火燒　熔燼光
掃麻犂麻　搓繩結綱
粗車卸載　牧牛放羊
推磨添碾　搗碓打炊
頂墙添標　鍛條編筐
緱水和泥　織絀蓋房
搖糧撑子　放碣碌場
鎈麥割穀　掀豆鐵秋
犂起田地　鋤飽苗秋

河南为中原农业大省，偃师地区的小麦种植全国闻名，对小麦的辛勤耕耘也孕育了偃师地区独具特色的农业文化。全书除去《农事类》外，宅舍、家具、农具、农事、生意、杂货、粮草、饮食、肉菜、果品等多章内容，都涉及农事生活，可以说《分类俗言》是偃师地区传统农事生活的记忆宝库。

《分类俗言》正文大字下多标有注释，注释体例晓畅明白：

> 字旁小字者，音字也；假借者取字法也，音字下或写假或写借；旁加无字者，《字汇》无，他书有也，字见他书者则批曰"出其某书"；字音不出者，音下加平上去入以辨之；字有一字、两字、三字、四字成解者。[①]

全书小字注释中音注材料形式多样，以同音字注音数量最多，例如《地舆类》："庵安。觀貫。寺院，庙宇神辰。坛，宝塔榻。古刹。又。"无同音者，则以平上去入辨别，如《农具类》："宪宏去。刀腻泥去。抹，銀子拆扳。"又如《残疾类》："秃通入。瞎瞶跛，顾。痴聋瘖痖，痴呆憨憨。欹，去。"此外，先标字音、后释字义模式在书中也常见，如《家具类》：灯台蜡烛，茶壶酒觞，商，器也。"觞"字既标音又释义。全书各类小字音注多达六百余条，这些音注材料对清中期河南偃师地区音系的考察、地方方音史的研究，有重要的语料价值。注释材料另一特点是有部分文字还标明假借，如《残疾类》："前锅后篓，坐硪为，借。兜跁。""硪"标音"为"，后注其为假借字。有的甚至指出了本字，如《农具类》："连枷九，俗言介。推杷，笆。搂似宜磙，无，借衰。框抓爪。板。"，"搂"字下小字注"似宜磙"，《字汇》无，"搂"又借为"衰"，这对方言本字的考证，可资参考。至于"字有一字、两字、三字、四字成解者"，则带有章句性质，如《农具类》："犁句中字皆以犁字贯。枴杪底，犁面鏵滑。院。"但章句式注释全书不多见。

二、《分类俗言》的学术价值

《分类俗言》在语言文字、民俗文化、识字教育等不同领域有重要的材料和学术参考价值，但由于杂字主要功能是帮助平民百姓认识日常生活用字，是典型的乡土识字教材，故《分类俗言》在语言文字学上的学术价值更为突出，主要表现如下：

[①]《分类俗言》，第5页。

第一，全书大量收录河南偃师地区方言词汇。方言俗语繁多是杂字最明显的地域性特征，北方地区有些杂字虽冠以俚言、俗言、土语、俗话、俗语为名，如山东地区有《俚言杂字》（首句：开天辟地，盘古为先）[1]、东北地区有《俗农杂字》（首句：人生在世，先入学堂）[2]、河北地区有《土音杂字》（首句：天气阴晴，昼夜黑明）[3]、山西地区有《俗话杂字》（首句：天上地下，日头月明）[4]、江苏地区有《俗语日用大全》（首句：紧要账目，记年月日）[5]等多种。虽然上述杂字标以俚俗为名，但北方地区真正能收录方言俗语的杂字并不多，所以裴金璋指出："考杂字之传，汗牛充栋，不可枚举，何须更集？所必集者，以杂字虽博而凑句成词，多不合俗言，恐为幼学难解耳……兢兢业业，不敢妄作，务使类分句联，音明语俗。"[6]故《分类俗言》中收录了大量方言词汇，如《家具类》章可证：

全章 400 余字，收录河南偃师地区方言词马兀、炕桌、帏裙、戒方、搭座、铺䓶、茶䓛、挑山、钟瓯、刀刷，桉杓、锅铫、铛鏌、栊箱、抽斗、柙底、楣柟、刊刀、缯线、筴筐、揾手、坐板、滕子、棚棒、风檂、络尖、捞朳、胤床、线柱、提斗、筹筶、箬箩、罗床、碓臼、磨碾、条盘、火柱、火龙、锅拍、镰筒、牌箈、盆圈、铁鼻、丝搭、头

---

① 马文源：《俚言杂字》，民国二十七年刻，大陆书社印。

② 佚名：《俗农杂字》，光绪三年刻，仁德堂梓行。

③ 于廷贾：《土音杂字》，道光乙丑仲春刻，衍庆堂家藏版。

④ 佚名：《俗话杂字》，光绪四年如汉抄，梧州学院藏本。

⑤ 佚名：《金陵居家农务俗语日用杂字大全》，光绪二十年抄，北京杂书馆藏。

⑥ 《分类俗言》，第4页。

钏、绉中、箃扇、奠钟、蓝伞、**我**毡、趑子、草苫、竹算、草拍、楷脑、火鋧、拨杆、匏头、鈚箭、弓弜、销钩，豷羹、觳佫、衩口、捎连、麵柜、楼榻、毛髼、麵拇、管板、泥屧、竹篰、釬药、翻麿、镀子、磨桅、铜鐯、铁鐼等七十多个，很多方言词汇在大型方言辞书中不见，甚至有些方言词如"胤床、筹筡、籍笭、绉中、箃扇、弓弜、销钩、豷羹、觳佫"等在《洛阳方言词典》中不见收录。《分类俗言》全书以天文等三十类为主题汇集方言词，《分类俗言》囊括了偃师地区百姓日常生活中遇到的大部分方言词，收录方言词的广度和深度是河南地区其他种杂字书诸如《初学杂览》（首句：上天青苍，银汉中央）①、《必须杂字》（首句：天地日月，风雨阴晴）②、《万全杂字》（首句：便览宇宙，物类纷然）③、《新刻合韵赵瓒杂字》（首句：赵瓒，揭小麦一斗；钱有，欠绿豆一石）④等无法比拟的。《分类俗言》的目的是使"无论学问大小，皆能一见了然"，并"音明语俗"。书中所收录的方言词对我们考察近代汉语方言词汇史、汉语词汇结构、汉语方言特征词等问题的研究，有重要的语料价值和参考价值。

第二，《分类俗言》收入大量的方言俗字。明清时期，北方地区流行的杂字书有《山西杂字》（首句：人生世间，耕读当先）⑤、《日用杂字》（首句：人生天地间，庄农为最先）⑥、《必须杂字》（首句：天地日月，风雨阴晴）⑦、《重订方言插注杂字》（首句：天星日月，斗宿参辰）⑧、《俗农杂字》（首句：人生在世，先入学堂）⑨、《使用杂字》（首句：铺内什物，秤尺斗斛）等多种，但上述杂字所

---

① 李泽音：《初学杂览》，务本堂本（据河南省城布政司东辕门外体仁斋版新刻），北京杂书馆藏。

② 佚名：《必须杂字》，光绪三年（1877），同兴得版。

③ 《万全杂字》，光绪三十三年（1907），郑州富文斋梓。此外《万全杂字》在北方还有二种：山西运城《万全杂字》（首句：天道运行，化育不齐）；河北地区《万全杂字》（首句：天地寒暑，冷热温凉）。三种《万全杂字》当中，河南郑州地区《万全杂字》收字数量最多。

④ 佚名：《新刻合韵赵瓒杂字》，聚英堂版，北京杂书馆藏。

⑤ 佚名：《山西杂字》，民国二十八年（1940）刊，彰德德元堂藏板。

⑥ 马益著：《日用杂字》，光绪五年（1879）刊，成文堂藏板。

⑦ 佚名：《必须杂字》，光绪三年（1877），同兴得版。

⑧ 佚名：《重订方言插注杂字》，光绪二十二年（1896）刊，王四和梓。

⑨ 佚名：《俗农杂字》，光绪三年（1877）刻，仁德堂梓行。

收文字的形体多依《洪武正韵》《康熙字典》等字书进行校正,真正收录民间流行的俗字不多,即使冠名为俗字的杂字书如河南《五言俗字》(首句:混沌初开辟,乾坤始奠康)①、福建《俗字便览》(首句:农工有益,勤读最宜)②、山东《日用俗字》(首句:爷娘生养教做人,发辫頦髉囱门)③、山西《口头语俗字》(首句:盘古初分,混沌一变)④等,其实质也是收入当地俗语词及其日常什物,并非收入大量的俗字。这一点张树铮先生通过考察《日用俗字》后有比较客观的论述:"从文字学的角度来看,尽管该书的编写目的是汇集'日用俗字',但是由于作者贬斥'率皆杜撰'的做法⋯⋯所以,该书对当时的民间俗字其实反映得很有限。换言之,该书所做的其实是在为平常写不出的字('苦不能书其名')和真正的俗字('点化率皆杜撰')寻找字典上的'正字',即'日用俗词正字'。不过这样一来,它的文字学价值反而是最低的。"⑤《分类俗言》书名虽为"俗言",却收录了大量的俗文字,序言也明确指出收录民间俗文字的原则:"杂字中之字证不明者,则仍之,如舅妗之妗、低埫(此字无人呼客)之埫字是也。"⑥《分类俗言》多次提及参考《字汇》:"自杂字纷出,如桎橝等字,种种不一,不列《字汇》,多系妄作。""因于平生目之所睹、耳之所闻,留心拣选,取证《字汇》,以求的当。"⑦因为《字汇》古文和俗字兼收,如《字汇》体例三:"程邈变篆而楷也,古意犹存。代降于今,日趋便简,故有古文、俗字之殊,然皆不可去也。如分两之两,古作𠕂,则注曰古两字;全备之备,俗作俻,则注曰俗备字,余可类推。"⑧张涌泉认为《字汇》这种古今字兼收的方式,"既不泥古,又不徇

① 石奇峰:《五言俗字》,淇东石官村滋树堂藏板。
② 佚名:《俗字便览》,北京杂书馆藏。
③ 蒲松龄:《日用俗字》,康熙四十三年(1704)版,山东大学儒学高等研究院李振聚藏。
④ 廉采蘩:《口头语俗字》,咸丰十年(1860)版,北京杂书馆藏。
⑤ 张树铮:《蒲松龄〈日用俗字〉注》,山东大学出版社2015年版。
⑥《分类俗言》,第4页。
⑦《分类俗言》,第4页。
⑧ 梅膺祚:《字汇·字汇补》,上海辞书出版社1999年影印康熙刻本,第4页。

俗,体现了作者发展的汉字观。"① 这种发展的文字观使《字汇》汇集了大量的方言字和俗字,于是遵依《字汇》的《分类俗言》理所当然也汇集了大量偃师地区民间使用的方言字和俗字,这也是《分类杂字》与其他杂字最大的不同。而其他同时期的杂字多选取《康熙字典》等规范字书为标准,如益阳咸丰年间《土音杂字举隅》:"习俗沿用杂字,有杜撰者如田稜作塅,帐目作账,襜阁作搁之类,《字典》并无其字,有臆断者如分示作吩咐,倒换作兑换之类,音相近而义迥殊,各字音义,谨遵《字典》注释,惟所音之字,或有疑难者,酌用反切,闲音易识之字,欲便童蒙,非敢臆断也,识者谅之。"② 此处《字典》所指,当为《康熙字典》,按理说《康熙字典》成书于康熙年间,是整个有清一代字学圭臬,可《分类俗言》竟无一处提及书中文字形体的选择遵依《康熙字典》,因为《康熙字典》鄙弃了民间广泛流行的方言字和俗字,是一部规范字形、字音的字典,所收入的文字都是规范的正字。以《分类杂字·农具类》收录的方言字、俗字可证:

《农具类》全章 275 字,收录方言俗字如枕、鉏、攦、碾、娄、塸、兜、楄、桓、

---

① 张涌泉:《论梅膺祚的〈字汇〉》,《中国语文》1999 年第 6 期,第 474 页。
② 佚名:《土音杂字举隅》,咸丰九年(1859)刻,湖南益阳任重先生藏。

傖、樸、揞、楞、杪、欗、橿、柌、韂、鞦、韉、鞹、幷、擥、𦈢、枷、撘、框、抓、樌、颮、櫹、栨、坌、劚、鼓、穛、熷、軪、擡、橛、鉋、𨫼、鋸、拆等，竟达五十余个。全书正文大字 3554 个，小字注释 2000 余字，笔者初步统计，全书汇集各类俗字（包括注释小字中俗字）近千个，这批方言字和俗字，对我们考察文字的地域性特征，有重要的参考价值。张涌泉先生认为：“有的原来在比较小的范围内使用的俗字，由于种种原因，后来流行范围不断扩大，有些甚至达到全国通用的程度……不过也有相当一部分俗体字的流沿始终局限在某一区域的范围之内。”[①]从杂字文献调查来看，大量的俗体字都是流行在某一时期或者某一区域范围内的俗字，这些带有地域性特征的俗字对汉语俗字产生的原因、类型、汉语字词关系的考察，有重要的材料价值。宋周去非曾在《岭外代答》首次论及广西俗字，晚清徐珂《清稗类钞》甚至详细列出北京、河北、广东、广西等多地的典型俗字：

> 各地通行之俗字颇多，今略举之。京师人所用者如下：乜，音近砌，陋也；您，音近凝，义似尔、汝，施之于较己为尊者也。衡州人所用者如下：閮，音鑽，閮林，地名，产茶叶。苏州人所用者如下：覅，勿要切，不要也；嘞，弗曾切，勿曾也。广东人所用者如下：亞，音阿，阿俱写作亞；奀，音茫，弱也；矮，音矮，人不长也；閄，音或，隐身忽出也；砍，音勘，岩洞也；泵，音聘，水中矶也；氹，音泔，蓄水为池也；圳，音浸，通水之道也；乪，音囊，水之曲折也；不，音墩，截木作垫也，冇，音磨，無也；𧊅，银去聲，牵扯不断也；乑，去声，拙也。广西人所用者如下：埊、閿，俱音稳，稳也；奀，音矮，矮也；矮，音呆，矮也；奀，音動，弱也，与广东异；孬，音腊，足不能举也；歪，音终，人死也；砍，音义俱与广东同；叕，音近某，假父也；仦，音嫋，小兒也；奃，音大，女大为姊也；侄，音近陈，旧产也。犁，音近产，假子也；毜，音近满，谓最少也；亞，音阿，阿字俱写作亞，与广东同。[②]

但上述两家都只是举例式说明俗字的地域性，并未提及河南地区的俗字，至于河南地方文献中俗字的使用情况更是不得而知，《分类俗言》所见二十一

---

① 张涌泉：《汉语俗字研究》（修订本），商务印书馆 2010 年版，第 35 页。

② 徐珂：《清稗类钞》，中华书局 2010 年版，第 3848 页。

章,比较全面地搜集了地方方言俗字,汇集如此多的方言俗字为我们考察河南俗文字的地域性特征提供了原始材料。《分类俗言》大量收录俗字也体现了裴金璋难能可贵的、尊重文字实际使用情况的进步观点。

第三,促进汉语字词关系理论的深入探索。汉语字词关系理论认为,语言是一种符号系统,文字是记录语言的符号系统,是符号的符号。这种理论投射到汉语字词具体关系的研究上,专家学者往往只把汉字作为记录汉语词汇的符号,从这一单维角度去考察其产生、发展及演变过程,这样得到的结论实际上跟真实的汉字使用情况不符,比如张博认为:

> 读音完全相同的分别字(及其源字),如果辞书训释语的中心词相同,限定词有别,一般不视为同族词。例如,《说文》"宏,屋深响也""宖,屋响也""谹,谷中响也",《玉篇》"硡,石声也""嗃吰,市人声也",《广韵·耕韵》"铿,金声",《集韵·耕韵》"耾,耳中声""弘,弓声";又如《说文》"苾,馨香也""馩,食之香也",《玉篇》"泌,芬香也",唐慧琳《一切经音义》卷二十九引《埤苍》"馩,大香也"。释语中心词"声(响)"和"香"分别为这两组词的概念意义,而其前加上不同的限定词只表征它们不同的语境义。这样的分别字是形声风气影响下的强生分别,并不代表孳生词。因为词义具有概括性,它并不是直接地、一一对应地反映客观存在的每一个具体事物或现象,而是经过人们的思维活动,对同类事物或现象的特征加以概括而成。具有概括性的词义绝不会因为词出现的语境不同就立即分化。尽管在书面语中为不同的语境义另造新字,但最终也没有影响词义真正分化。①

从汉语词汇为中心的角度来讨论分别字或者新造形声字,无疑有其合理性,但认为有些分别字产生是"形声风气影响下的强生分别"这一论述则不妥。虽然"词义具有概括性,它并不是直接地、一一对应地反映客观存在的每一个具体事物或现象",但根据对事物特征认识的不同,采用形声造字的方式对同一个词再造不同的文字,绝不能认为是"强生分别",文字的产生跟语言

---

① 张博:《汉语同族词的系统性与验证方法》,商务印书馆 2002 年版,第 68 页。

词汇的产生不能放在同一个层面上考察,或者说不能以词汇为中心来考察汉字的产生、发展及其演变过程。相反,某个词汇在不同地域而产生不同的形声字正体现了不同地区老百姓对事物特征认识的不同,反映了不同地区人们使用文字灵活性的不同,也是汉字与汉语磨合共生关系的具体表现。比如《分类俗言·人事类》"榨酒踩麴,淋醋拌糠……帏桌搬座,扫地麹窗。"《分类俗言·饮食类》:"枣糕月饼,藕粉餶圆,麵麹麯粷,咸食餁煎。"《人事类》《饮食类》两章中出现形声方式新造的俗字如麴、麹、麯、粷等跟河南偃师地区种植麦子、主食面食有关,所以麴、麵、麹、麯、粷等采用"麦"作形旁,而麴、麹两字,在江南地区的杂字文献中则写成"鞠""糊""糨",例如湘赣边界抄本《四言杂字》:"酒鞠雄黄,鱼粉甘草。"① 再如赣南地区《二言杂字》:"糨糊、馄饨。"② 这与江南地区种植水稻、主食米饭有关,我们翻遍中国南方诸如《包举杂字》《七十二行杂字》《湘乡杂字》《大方六言杂字》《捷经杂字》等,均不见麴、麵、麹三字。我们应尊重不同地区百姓选择文字形体和使用不同文字的事实,承认这些地方俗文字存在的合理性,不能简单地认为他们是"强生分别"的形声字,这些新造的形声字不仅丰富了词汇的概念意义,还储存了丰富的民俗文化信息,是独具地域性特征的俗文字。又如《分类俗言·家具类》:"盆瓮坛缸,匙筯箸通,俗言快。刀刷。"③ 河南偃师地区改"箸"为"筯",是典型的"用字者可以根据主观意图选择调适、临境变化"。箸,《说文》"饭攲也,从竹者声",但清乾嘉时期,声旁"者"读音在偃师地区发生了变化,当地老百姓则重新选择了读音相同的"助"作为声旁,我们要尊重民间真实使用文字的事实。

结语

李运富、宋丹丹认为:"方言文献是汉语研究的重要材料,杂字文献作为中国传统社会使用的地方乡土教材,渗透着大量的方言因素,多方音方语,字

---

① 佚名:《四言杂字》,民国江西吉安地区手抄本。
② 佚名:《二言杂字》,民国浙江金华地区手抄本。
③ 《分类俗言》,第 45 页。

词关系错综复杂，与通语的关系更是盘根错节。以往的研究对杂字文献关注较少，揭示杂字文献里的各种方言现象，深入挖掘其中的语言文字问题，不仅可以拓宽方言研究的材料范围，丰富方言研究的内容，对于汉语史和汉字史的研究也有重要的学术价值，可以说是汉语言文字和传统文化、地方文化的重要资源，值得高度重视和深入发掘。"①《分类俗言》是偃师地区甚至整个中州地区保留完整、版式清晰的一种杂字书，这册乡土识字教材不仅对语言学研究有重要的价值，对地方民俗文化、历史文化、地方识字教育研究都有重要的参考价值。此外，河南地区及周边其他杂字书诸如《万全杂字》②《百家姓杂字》③《选择杂字同音千字文》④《十字必须杂字》⑤《音韵杂字》⑥《七言杂字》⑦《五言杂字》⑧《三言杂字》⑨等也值得我们去作全面搜集，并挖掘和整理其中的方言俗字，然而当前这类乡土识字教材正处于濒危阶段，河南还有多少种类似《分类俗言》的杂字留存至今？全国明清以来还多少种民间识字教材留存？这些教材的形式、体例、内容和特征如何？这些问题都值得我们去研究。但是当前如不及时抢救和保护这类方言俗字繁多、记载着传统社会底层民众真实生活实貌的杂字文献，这些书籍以及相关的学术问题将永远消失在历史的长河中。

作者工作单位：王建军　井冈山大学人文学院

丘　妮　井冈山大学图书馆

---

① 李运富、宋丹丹：《方言文献"齿"及相关字词考》，《江西师范大学学报》2021年第5期，第37页。
② 佚名：《万全杂字》，光绪三十三年(1907)，郑州富文斋梓。
③ 佚名：《选择杂字同音百家姓》，聚兴魁板，北京杂书馆藏。
④ 佚名：《选择杂字同音千字文》，聚兴魁板，北京杂书馆藏。
⑤ 赵华亭：《十字必须杂字》，磁县明善堂书局藏版，北京杂书馆藏。
⑥ 佚名：《音韵杂字》，汝南堂版，梧州学院图书馆藏。
⑦ 佚名：《七言杂字》，手抄本，笔者于郑州文物市场购得。
⑧ 佚名：《五言杂字》，手抄本，笔者于郑州文物市场购得。
⑨ 佚名：《三言杂字》，北京杂书馆藏。

《切韵汇校》校读札记*

孙 磊 王 曦

摘 要 《切韵汇校》将王韵三种汇编一处,使读者免于搜求之苦,为学界提供了诸多便利。该书体量宏大,虽智者千虑,难免一失。针对该书所录《王三》中存在的字头形误、释义脱误、反切字误等问题进行勘正,以冀对《切韵》的阅读和研究有所裨益。

关键词 《切韵汇校》;《王三》;校读

王韵三种是唐五代《切韵》系韵书的重要代表,一直受到学界关注。但因其为抄本,内中俗字异文混杂,讹误众多,故一直未得到汇集整编。徐朝东先生汇集三者而校,历数年而成《切韵汇校》。① 该书将王韵三种材料并排,划分句读,加注拟音,极便利用,大有功于学林。但由于内容宏富,材料众多,整理过程中难免疏忽。今举阅读中所得瑕疵二十三则,以就教于徐先生和各位专家,希望对更好地利用该书有所助益。

一、字头形误

1.卷一平声钟韵群母蛩小韵

騳:□□□□驹□□。(第34页)

按:《切韵汇校》"騳"字加案语谓:"被释字原缺,《广韵》本纽有'騳,兽如马而青,一走千里也'。此处释语有驹,推测该字为騳。"以《王三》《广韵》②

---

* 基金项目:教育部人文社会科学研究规划基金"《唐写本王仁昫刊谬补缺切韵》多音字研究"(19YJA740055)。

① 陆法言撰,王仁昫等补,徐朝东点校:《切韵汇校》(全三册),中华书局2021年版。本文所引原书,皆加粗标示,页码直接标注在引文后,下同。

② 《宋本广韵·永禄本韵镜》,江苏教育出版社2002年版,第8页。

此字均处蚩小韵末,且此处释语有"驹"而推测该字字头作"鵏"。其说殆非。查《王三》底本[1],此字字头不甚清晰,然谛审仍可辨见,当是"从"字。此即"卅"字古文,隶定作"卅"也。龙宇纯《唐写全本王仁昫刊谬补缺切韵校笺》(后简称《校笺》)字头亦作"从"形,可据正。释语《校笺》有"驹冬反"三字,而云"右行残缺,末一字当为又字"[2],此依又音体例补之耳。《王三》冬韵驹冬反"从"下云"辣手,又渠龙反",与该字音"渠容反,又驹冬反"形同而又音互注。亦可证《切韵汇校》录作"鵏"误也。

2.卷一平声咍韵见母该小韵

祴:祴,夏乐章。(第 123 页)

按:"祴"字底本作"祴",不误。《切韵汇校》此作"裓",盖"礻""衤"二旁形近讹混。《王一》[3]《广韵》[4]并从衣作"裓",盖其俗书。《说文》示部:"祴,宗庙奏祴乐。"[5]与例中文义相合。《玉篇》衣部:"裓,古得切。衣裓也。"[6]《集韵》德韵见母讫得切:"裓,衣裾也。"[7]知"祴"与"裓"异字,此训"夏乐章",故字当从示旁作"祴"。宜据改。

3.卷一平声元韵晓母合口暄小韵

暄:大目。(第 136 页)

按:"暄"字底本作"暄",不误。《切韵汇校》此作"睻",盖"日""目"二

---

[1] 《王三》全称宋跋本王仁昫《刊谬补缺切韵》,因其印行时间最晚,故名"王三"。于 1947 年首次影印,唐兰先生作跋并进行了初步的校勘工作,马衡题写书名并作"说明"(此曾收入《续修四库全书·经部》第 250 册)。另有台北广文书局 1964 年版,江苏凤凰教育出版社 2017 年版(本文所据底本),施安昌编《故宫博物院藏文物珍品大系·晋唐五代书法卷》,上海科学技术出版社 2001年版。

[2] 龙宇纯:《唐写全本王仁昫刊谬补缺切韵校笺》,香港中文大学 1968 年版,第 19 页中。

[3] 本文比勘所用《王一》(即敦煌残卷 P.2011)、《王二》(即内府藏《唐写本刊谬补缺切韵》)、《切三》(即敦煌残卷 S.2071)及《刊》(即敦煌残卷 P.2014、P.2015)均于 1936 年被收录刘复、魏建功、罗常培等编撰的《十韵汇编》。本文所引《十韵汇编》皆核对敦煌残卷原文。

[4] 《宋本广韵·永禄本韵镜》,第 27 页。

[5] 许慎撰,段玉裁注:《说文解字注》,上海古籍出版社 1988 年版,第 7 页。

[6] 顾野王:《重修玉篇》,钦定四库全书本,第 28 卷,第 439 页。

[7] 丁度:《集韵》,线装书局 2001 年版,第 398 页。

旁形近致讹。《广韵》元韵晓母合口况袁切："暖,大目。"[1]《集韵》元韵晓母合口许元切："暖,大目也。"[2]字头并从底本作"暖"。《切三》[3]元韵晓母合口况袁反亦有此字,然注云"诈",盖涉下文"谖"字注文"诈"而误,原亦当训"大目"。可据改。

4.卷一平声哥韵定母开口驼小韵

鮀:疾貌。鮀:负鮀。(第195页)

按:《切韵汇校》中此二条字头形同,疑有讹误。底本异形,"疾貌"义字作"鮀",而"负鮀"义字作"䵣"。《校笺》"䵣"字下云:"䵣字《切三》《王一》《王二》《广韵》《集韵》字头并作'鮀',字出《广雅》释器,本书误。注云负䵣,《王一》云'负',《切三》《王一》《广韵》并云'鮀负'。"[4]龙说可从。《切韵汇校》此误,后一字字头当作"鮀"。

5.卷三上声荠韵溪母启小韵

綮:兵阑綮。綮:戟支,曰戟衣。(第387页)

按:《切韵汇校》中此二条字头形同,疑有讹误。底本异形,"兵阑"义字作"綮",为"綮"字俗书,释语中"綮"字重出当属误增,《王二》《广韵》《龙龛手镜》并无。"戟衣"字底本作"綮",《切三》作"綮",《王二》作"綮"[5],《广韵》作"綮"[6],并从糸。以其义求之,释语其一义为"戟衣",亦可证此字当作"綮"。《切韵汇校》作"綮"误。又"曰"上依体例当补"一"字,逗号亦当改作分号。

6.卷四去声啸韵见母叫小韵

憿:行縢。又古鸟反。(第667页)

按:"憿"字底本作"幭",是。《切韵汇校》此误作"憿",盖巾"忄""巾"

---

① 《宋本广韵·永禄本韵镜》,第32页。

② 《集韵》,第2卷,第37页。

③ 《十韵汇编》,第141页。

④ 《唐写全本王仁昫刊谬补缺切韵校笺》,第188页中。

⑤ 《十韵汇编》,第228页。

⑥ 《宋本广韵·永禄本韵镜》,第77页。

二旁形近相讹。《广韵》啸韵见母古弔切："憿，行滕。又古鸟切。"①《集韵》啸韵见母古弔切："憿，行滕。"②字头并作"憿"，当从之。《切韵汇校》啸韵古了反下"憿"字误同。并当改作"憿"。

二、释义脱误

1.卷一平声虞韵群母欨小韵

蚼：蚼蚈，蚍蜉。又呼口反。（第92页）

按："蚈"字底本作"蜂"，是。《切韵汇校》此作"蚈"，误。《广韵》虞韵群母其俱切："蚼，蚼蜂，蚍蜉。"③又音《广韵》厚韵晓母呼后切："蚼，蚍蜉名也。"④《广韵》养韵以母余两切："蜂，蚁名。《说文》曰'搔蜂也'。"⑤义并同。蚍蜉即蚁，此"蜂""蚼"互训之例。《说文》虫部："蚈，蜃属。"⑥"蚈""蜂"非同类，二字形近，遂有此误。当据改。

2.卷一平声虞韵敷母敷小韵

稃：林。亦作秜。（第96页）

按："林"字底本作"秝"，为"稃"字俗书。《切韵汇校》作"林"，盖因"秝""林"二字形近而致讹。《说文》禾部："稃，穤也。"⑦"穤"即"糠"也。《广韵》虞韵敷母芳无切："稃，谷皮。"⑧义同上。皆与林义无涉。《尔雅》释草："秠，一稃二米。"⑨段注："秠即稃，凡稃皆曰秠，非必二米一稃也。"⑩《集韵》敷母芳

① 《宋本广韵·永禄本韵镜》，第119页。

② 《集韵》，第288页。

③ 《宋本广韵·永禄本韵镜》，第20页。

④ 同上，第94页。

⑤ 《宋本广韵·永禄本韵镜》，第89页。

⑥ 《说文解字注》，第671页。

⑦ 同上，第324页。

⑧ 《宋本广韵·永禄本韵镜》，第21页。

⑨ 郭璞注，陆德明音义，邢昺疏：《尔雅注疏》，钦定四库全书本，第8卷，第13页。

⑩ 《说文解字注》，第324页。

无切①："稃，《说文》'䅖也'。一曰秕，一稃二米。"合《说文》与《尔雅》二义为一。此皆"稃""秠"互训之例。又《王一》虞韵敷母抚夫反："稃，秠。"②尤为明证。《切韵汇校》(《王一》部分)录作"柸"，亦误。此"林"字当即"秠"(秠)字之误，并当据改。

3. 卷一平声齐韵匣母开口奚小韵

兮：词。从八，丂音考，俗作兮，非真，谬。(第109页)

按：《切三》齐韵匣母胡鸡反："兮，何。"③何、词形近，疑即"词"之误也。P.2014、P.2015齐韵匣母乎鸡反："兮，助句。"④词即语之助也。《广韵》齐韵胡鸡切："兮，语助。"⑤义同上。诸书释文皆从简，疑此"从"至"谬"十一字为后人所增，或即王仁昫刊谬所增案语也。⑥《集韵》齐韵匣母："兮，弦鸡切。《说文》'语所稽，从丂八，象气越兮也'。"⑦释语"从八丂"盖就其字形结构而论，《切韵汇校》盖不明此而错分。"音考"，本书"考"为"考"字俗写，见晧韵溪母苦浩反："考，成。俗作考。""考"从"丂"声，故以"考"注"丂"。此释文错划句读，当改为"兮：词。从八丂，音考，俗作兮，非真，谬"。

4. 卷一平声真韵清母合口逡小韵

塼：怜貌。(第130页)

按："怜"字底本作"憐"，不误。《切韵汇校》此作"怜"，盖因"憐""怜"

---

① 《集韵》第2卷，第4页。
② 《十韵汇编》，第118页。
③ 《十韵汇编》，第125页。
④ 同上，未免冗赘，凡引自《十韵汇编》同一页码者，只在最末一文献标脚注。后同。
⑤ 《宋本广韵·永禄本韵镜》，第24页。
⑥ 《王三》经王仁昫等人刊谬，于注文后随加案语，原书多见。其作用或有三：其一，辨明字形，如寒韵"兰"下加案云："从柬，音简，从东非。"强调区别字形，"柬""东"两部件形近易混，因而别之。其二，匡俗正字，如虞韵"须"加案云"古从彡，俗误从水(误从二字原误倒)。""须"字俗书作"滇"，从水则其义不明，故有此论。其三，增加异读，如东韵"彤"下云："祭名。又敕林反。从舟，音职由反。"此于又音之外，增添异读。
⑦ 《集韵》第2卷，第16页。

二字形近致误。《切三》真韵清母七旬反：“墫，舞貌。”[①]《广韵》谆韵清母七伦切：“墫，舞貌。”[②]《集韵》谆韵清母七伦切：“墫，士舞也。墫墫舞貌。或从足。”[③]《说文》士部：“墫，舞也。”诸书并训“墫”作“舞”。[④]《王三》虞韵明母无主反：“舞，万乐。亦作儛。”[⑤]《切三》虞韵明母无主反：“舞，歌。又儛。”[⑥]《集韵》虞韵明母罔甫切：“舞，《说文》‘乐也，用足相背’。或从人。古作翌。”[⑦]并可证“舞”“儛”相通也。此当以底本为是，《切韵汇校》宜据改。

5.卷一平声元韵奉母烦小韵

祥：絸绤。（第137页）

按：“絸”字底本作“絹”，为“绤”字之误。《说文通训定声》云：“祥当为裹衣之称，亦谓之祥裎，裹衣素无色，当暑用绤祥，即绤绤也。”[⑧]《王三》“刍”旁之字常俗写作“彐”，或作“刍”，又省作“圣”。如虞韵“雏”俗作“雏”，尤韵“邹”俗作“郰、郰”等。此文“绤”字盖俗书作“絹”，与“絹”字形近，遂误此。《王三》洽韵阻洽反“偪”字下注云“偪倡人貌”，《校笺》云“倡即倜字之讹”[⑨]，误与此同。《切韵汇校》盖不明此而误作“絸”。宜据改。

6.卷一平声宵韵清母锹小韵

锹：七遥反。锤。亦作镰。四。（第177页）

按：“锤”底本作“鑫”，不误。“鑫”字今当简化作“锤”，《切韵汇校》此作“锤”，盖“甾”字俗作“重”，与“垂”形近，遂有此误。如《王三》洽韵“骝”字俗作“骓”，“歃”俗作“歇”。又《切三》宵韵清母七遥反：“锹，甾。”[⑩]《广韵》

① 《十韵汇编》，第133页。

② 《宋本广韵·永禄本韵镜》，第30页。

③ 《集韵》，第2卷，第30页。

④ 《说文解字注》，第671页。

⑤ 《切韵汇校》，第373页。

⑥ 《十韵汇编》，第224页。

⑦ 《集韵》，第5卷，第153页。

⑧ 朱骏声：《说文通训定声》，武汉市古籍书店影印，1983年，第744页。

⑨ 《唐写全本王仁昫刊谬补缺切韵校笺》，第111页中。

⑩ 同上，第160页。

宵韵清母七遥切："锹，臿。亦作𣂁。"① 皆可证此当依底本为是。宜据改。

7．卷一平声肴韵生母梢小韵

蛸：蟏蛸，似喜孙。（第179页）

按："孙"字底本作"子小"二字。《切韵汇校》误合"子小"二字为"孙"字，失之。《切三》肴韵生母所交反："蛸，蟏蛸，虫名，喜子。"②《广韵》韵生母所交切：蛸，蟏蛸，喜子。"③"喜子"盖其俗称，又作"蟢子"。④《尔雅》释虫："蟏蛸，长蹄。"郭璞注曰："小鼅鼄长脚者，俗呼为喜子。"⑤可知释文"小"指此虫体形小。《切韵汇校》此作"孙"误，当改为："蛸，蟏蛸，似喜子，小。"

8．卷一平声阳韵来母开口良小韵

醸：桨。（第220页）

按："桨"字底本作"浆"，不误。《切韵汇校》此作桨，盖因"水""木"二旁形近致讹。《王二》阳韵来母吕张反："醸，浆。"⑥《广韵》阳韵来母吕张切："浆水。"⑦并可证此当以底本为是。可据改。

9．卷四去声至韵禅母开口嗜小韵

视：比。又神至反。亦作视。（第542页）

按：或体与字头同，当有一误。底本或体作"眎"，《切韵汇校》此盖错录。宜据改。

10．卷四去声霁韵溪母开口契小韵

膎：舟膎。（第587页）

按："膎"字底本为重文符号，当作"膎"。《切韵汇校》此误录从月旁。宜据改。

---

① 《宋本广韵·永禄本韵镜》，第42页。
② 《十韵汇编》，第163页。
③ 《宋本广韵·永禄本韵镜》，第43页。
④ 王力：《王力古汉语字典》，中华书局2000年版，第1152页。
⑤ 《尔雅注疏》，第9卷，第30页。
⑥ 《十韵汇编》，第174页。
⑦ 《宋本广韵·永禄本韵镜》，第49页。

11.卷四去声代韵定母代小韵、代韵精母载小韵

酨。醋。戴：作代。载：作代反。一年。四。（第617页）

按："醋"字底本作"甛"，甛即甜也。《玉篇》西部云："酨，酒色也。甘也。"[1]与此合。《王一》释文亦作"甛"[2]，并可证此误。《切韵汇校》（《王一》部分）亦作"醋"误同，并当据改。"戴"字底本作"酨"，盖涉上文"酨"从"弋"而误。释语"作代"二字费解，《切韵汇校》加案语云"作代"当作"亦作酨"，以或体体例改之，误。各书无此或体。《校笺》云："作代二字当系涉下文'载'字切语'作代反'而误，释文《王一》《广韵》并释'酢'。"[3]龙说良是。可从。

12.卷五入声末韵匣母活小韵

秳：春谷不溃。（第816页）

按："春"字底本作"舂"，不误。《王一》末韵匣母户括反："秳：舂谷不溃。"[4]《集韵》末韵匣母户括切："秳，《说文》'舂槀不溃也'。一曰生也。谓禾生。"[5]《切韵汇校》此误作"春"，盖"春""舂"二字形近而致，宜据改。

13.卷三上声纸韵群母合口趟小韵

趟：求累反。跬。一。（第343页）

按：释文底本"跬"下有重文符号"〻"，依稀可见。《切三》《王一》[6]《集韵》[7]皆作"跬趟"。《切韵汇校》此脱，宜据补。重文符号小而易漏，类似还有卷五入声屋韵独小韵"騳"字，注云："騳，野马。"（第755页）《广韵》屋韵定母徒谷切："騳騳，野马。"[8]《集韵》屋韵定母徒谷切："騳，騳騳，野马。一曰马

---

① 《重修玉篇》，第30卷，第467页。

② 《十韵汇编》，第306页。

③ 《唐写全本王仁昫刊谬补缺切韵校笺》，第486页中。

④ 《十韵汇编》，第376页。

⑤ 《集韵》，第9卷，第355页。

⑥ 《十韵汇编》，第214页。

⑦ 《集韵》，第5卷，142页。

⑧ 《宋本广韵·永禄本韵镜》，第131页。

行貌。"①《切韵汇校》此脱重文,宜据补。除重文外,释语亦有脱误,如卷三上声敢韵"黪"字,注云:"仓敢反,暗貌,一。"(第465页)释文底本"敢"下反字不清,《切韵汇校》依体例补反字,当从。谛审底本"暗"前有"日"字,依稀可辨见。《切三》敢韵清母仓敢反:"黪,日暗色。"《王一》敢韵清母仓敢反:"黪,日暗色。"《王二》淡韵清母仓感反:"黪,日暗。"②诸书释文并有"日"字,此当是漏脱。又卷三上声"拯"字,注云:"无反语,取蒸之上声。亦作撜、抍。本作丞。一。"(第507页)释文底本"声"下有"救溺"二字,残蚀不清,谛审可辨见。《王一》拯韵亦云"救溺"。③《切韵汇校》无,应是漏脱释语。当据补。

14. 卷三上声蟹韵见母开口解小韵

解:加买反。说议。(第390页)

按:"解"为小韵首字,本纽凡"解、薢、檞、嶰、骇"五字,《校笺》云:"末一字不当有,旁有小点,识其误书。"④此盖涉下文骇韵首字"骇"而误衍。不计。《切韵汇校》此脱纽计数之字,议后当依体例补一"四"字。纽计数字处句末易漏脱,类似的有卷三上声耿韵"併"小韵(第478页);卷三上声耿韵"眪"小韵(第479页);卷三上声静韵"悻"小韵(第480页);卷四去声震韵"慎"小韵(第624页);卷四去声祃韵"乍"小韵(第690页);卷四去声祃韵"暇"小韵(第691页)等,并当据补。

三、反切字误

1. 卷四去声霁韵定母第小韵

第:待计反。次。廿一。(第585页)

按:"待"字底本作"特",不误。《切韵汇校》录作"待",盖为讹字。《王一》《王二》⑤此皆作"特计反",当从之。

---

① 《集韵》第9卷,第326页。

② 《十韵汇编》,第272页。

③ 同上,第264页。

④ 《唐写全本王仁昫刊谬补缺切韵校笺》,第320页中。

⑤ 《十韵汇编》,第296页。

2. 卷五入声洽韵泥母囝小韵

囝：古洽反。手取。一。（第889页）

按："古"字底本作"女"，不误。《切韵汇校》此标泥母，却作"古"字，于理不合。疑"古""女"二字形近不察，遂有此误。《切三》《王一》《王二》[1]切上字俱作"女"，可据改。

除了以上三类讹误外，《切韵汇校》还存在繁简字错录及衍字问题，此类错讹，是文本转换过程中的常见现象，还需要细心订正。如卷一平声齐韵圭小韵"欬"字，注云"又纤往反"（第111页），"纤"为"紆"字之讹；卷三上声荡韵块小韵"筬"字，注云"无色貌"（第475页），"无"为"無"字之讹；卷五入声德韵勒小韵"芳"字，注云"萝芳，菜"（第926页），"萝"为"蘿"字之讹等。衍字者，如卷一平声齐韵圭小韵"絓"字，注云"田器，可获麥麦"（第111页），各书并只一"麦"字，此涉下文"麦"衍一"麥"字，误。正如葛信益先生校读《广韵声系》所言："一部工具书要做到十全十美，百无一失，确实是一件不容易的事，惟有在不断使用以及细心校读中发现问题，不断改正，才能臻于完善。"[2]今举校读札记二十余则，愿为完善《切韵汇校》尽绵薄之力。

作者工作单位：孙　磊　中国人民大学国学院

　　　　　　　　王　曦　安徽大学文学院/语言学与汉语史研究中心

---

[1] 《十韵汇编》，第408页。

[2] 葛信益：《广韵丛考》，北京师范大学出版社1993年版，第193页。

木鱼书中的"一词多形"考辨举隅*

关云翔

摘　要　本文以清至民国广州木鱼书为研究对象,对其中的"一词多形"现象进行考释。文中认为｛烧锅｝可写作"烧戈""烧哥""烧歌",是"烧酒"之义;｛捨｝可写作"秤""拯",是"抓扯"义;｛皵｝可写作"毡""氈""壗""揗",是"剥皮"义;｛蹦｝可写作"踏",在文中有"行走"义;｛拕｝可写作"敦",是"拉、牵引"义;｛襤褸｝可写作"蘫带""冹带""冹歹""蘫猷""冹扰",是指人品低劣;粤方言特征词｛嘅｝可写作"呢";粤语文献中有"灵琼""灵嗟""灵擎""灵檠"多种词形,义为"灵验、高强"。

关键词　一词多形;木鱼书;粤语词汇;俗字

近年来,汉语字词关系的研究逐渐火热,针对粤方言字词关系的研究层出不穷。但是这些研究材料多集中在共时层面对现代粤语方言中的用字做出探讨,小部分对粤剧或者报刊、小说、传教士文献中的粤方言书面化做出总结和归纳。而对木鱼书中的复杂用字现象以及词语考释则少见成果。木鱼书说唱"广义上即是指粤方言诗赞说唱文学,涵括了单一样式的木鱼歌、龙舟歌、南音等"。[①]从语言文字角度可以发现,木鱼书中文白交错,俗字繁多,致使其中的字词关系复杂多样。因此本文以木鱼书及部分龙舟歌为研究材料,对其中的字词进行考释,对"一词多形"现象做出研究。

---

*　基金项目:国家社会科学基金重大项目"宋元明清文献字用研究"(19ZDA315);国家社会科学基金青年项目"明清南方俗曲文献语言文字研究"(23CYY010)。

① 广州市人民政府地方志办公室、广州市文化广电新闻出版局编:《广州非物质文化遗产志(上)》,方志出版社2015年版,第460页。

一、｛烧锅｝:"烧戈""烧哥""烧歌"

清广文堂本《六姑回门》下卷:"知己于封真老实,既然收了贺礼必要请佢饮烧戈。只为手中鸡利少,限定荷包却有多。"(32/87)[①]下文:"住说众人闲笑论,且言三嫂笑乐无空,烧戈饮得拿拿饵,就时引轿出街中。"(33/87)

"烧戈"辞书未见收录,从文义中可以推断"烧戈"似为酒水。在粤语文献中可见"烧歌",龙舟歌醉经堂本《平贵别窑》卷六:"佢把衣衫银两来相助,办齐肴菜炙暖烧歌。"(1/202/a)此外,又可见"烧哥",龙舟歌五桂堂机器版《贤妻谏赌》:"你有茶饭拈来过我食,煖唻烧哥打下鼻尖。自古话三杯能起彩,就系旁人睇见话我妻贤。"(2/466/d)龙舟歌醉经书局《怨丈夫老》:"越想越思真折堕,点得阎王请尔饮烧哥。"(2/340/d)清近文堂刻《新刻群英杰初集》卷四:"禁子走回监内去,放下火鹅鸭肉及烧哥。"(16/42/d)而《新刻群英杰》例中的上文即是:"烧肉火鹅蒸鸭美酒。"(16/42/d)可以确定"烧哥"即是酒无疑。白宛如(1998:260)《广州方言词典》"烧哥":"烧酒的俗称。"杨子静、萧卓光(1998:464)《广州话熟语大观》"烧哥":"酒的俗称。"但是"烧哥"为何是"烧酒",未见解诂。

今以为:"烧戈""烧哥""烧歌"皆为"烧锅"的异写。"锅"在粤语辞书《分韵撮要》中为云母科韵,与"戈""哥"声母不同,今人《广州话同音字汇》中"戈""哥"音同而与"锅"读音不同。但在岭南民间文献中可见"戈"与"锅"音同,如王建军(2018:176)册九《字汇》收录"戈"条同音字"锅";册一《增补四言杂字》:"锅音戈。"(441页)《粤语辞渊》"koh"条同音字"哥、歌、锅"(40页)。纪多纳、玛坚绣(2019:348—350)《客英词典》中"锅""戈"同音"[kho]",同本"哥"音"[ko]"。综上,可以发现"锅""戈""哥"在粤地方言中的读音是相近甚至可能是音同的。

---

① 文中所引木鱼书和龙舟歌例句,来源有两类,其一是《广州大典·曲类》,广州出版社2019年版,a/b/c/d代表栏。首位数字表示引文所在册数,中间数字表示引文所在页码;其二是德国巴伐利亚州立图书馆所藏,其首位数字表示引文所在页码,后位数字表示整本页数,用(a/b)表示。

"烧锅",《大词典》中收录该词,其中义项有:"指酿酒的作坊。"但是"烧锅"多指"酿烧酒的作坊"。如:民国《牟平县志》卷五:"又有所谓烧锅者,专制烧酒。"(651页)民国《义县志》中卷:"烧锅,制烧酒之铺。"(1377页)之后"烧锅"径指"烧锅酒",如:清《西安县志略》卷七:"凡酒勔加价,分烧锅与黄酒、绍酒。"(114页)而在其他文献中则直接说"烧酒",如《古本戏曲丛刊四集》本《伊尹耕莘》第三折:"近来口生都忘了,则记烧酒与黄酒。"(39页)民国《和平县志》卷十:"酒,有黄酒、烧酒之分。"(317页)综上,"烧戈""烧哥""烧歌"皆是"烧锅"的同词异写,体现了木鱼书中的复杂用字情况。

二、{挮}:"秤""拯"

五桂堂本《宋太祖下南唐四集》卷二:"公子把帘忙扯断,秤出妖孤(狐)在路边。把目就将他一看,果见花容生得系娇妍。"(4/447/a)民国五桂堂本《仁贵征东红衣记》卷二:"番到去,骂声喧。你这贱人真不出堂前,待吾秤出堂中去,将你贱人治罪正心安。"(5/9/c)同本卷四:"薛仁贵就忙趋上,向他左腿就拈临。将佢秤蒲头碰地,好如到吊半天心。"(5/26/c)

"秤"在字书辞书中的释义与上文诸例文意不合。从文义上推断"秤"应为抓义。此外,在木鱼书中还可见写作"拯",民国五桂堂本《仁贵征东红衣记》卷二:"员外说完三两句,一步忙跑就上前,就向院君佢右臂,直拯开来过一边,拯得院君身掉倒。"(5/9/d)"拯"的释义亦不合该引文句意。

今以为:"秤""拯"不为本字,本字当为"挮"。《集韵·径韵》:"挮,《博雅》:'持也。'一曰捽也。"马礼逊(1865:518)《五车韵府》"挮"条:"To lay hold of with the hand;to grasp."[①]白宛如(1998:386)"挮"条:"提溜。"今按:"挮"的词义应为"抓住"。如:清翰经堂本《七国孙膑全本》卷二:"百姓被佢挮,邹家人尽杀。"(3/516/c)而{挮}之所以写作"秤""拯"应该与方言

---

① 翻译成中文为:用手抓住;抓住。

有关。粤语韵书《分韵撮要》中未收录"揁"。在《广韵》中"揁"为清母梗摄开口四等，中古清母在广州话中读"tʃʰ"，中古梗摄开口四等在广州话中"大部分字读 iŋ，少数字读 ɛŋ"。[①]因此可以猜测在广州话中"揁"读"tʃʰiŋ"或"tʃʰɛŋ"，白宛如（1998：386）《广州方言词典》"揁"音"tsʼeŋ⊣"，詹伯慧（2002：218）《广州话正音字典》中收录"揁"音"tsing 3［秤］"。又，"拯""秤"在《分韵撮要》中同属穿母英韵，《广州话同音字汇》中二字音同属"qing"[②]，只是调号略有差别。

综上：{揁}写作"秤""拯"是由于受到方言影响使用的假借。

三、{皶}："毡""氈""墡""揃"

五桂堂本《十二寡妇征西九集》卷五："可恨狗婆兵到此，送吾老父命归仙。戴天之仇须当报，擒得乞婆要开毡。"（3/442/c）清翰经堂本《七国孙膑全本》卷三："孙膑答语称吾（唔）敢，魏贼猖狂不在言。我在洞中知晓得，只为吾师有命甚尊严。乐毅有何多本事，待吾捉佢把皮毡。"（3/520/a）清翰经堂本《七国孙膑全本》卷三："佢话得见伯央吾（唔）肯放，毡皮削骨正甘心。"（3/522/a）五桂堂本《猪笼浸女》："相爷听罢忙启齿，我见律法总唔依。海量放开休怪佢，等我回家必定把佢毡皮。"（2/477/b）

《广韵·仙韵》："毡，席也。""毡皮"词义难明，从上文"毡皮削骨"来看，"毡"应为分离义的动词。此外，在木鱼书中又可见写作"氈"，如：文光楼藏版《天台三宝骊珠记》卷三："若然不肯从爷命，荆条重责把尔皮氈。"（4/306/b）"氈"在字书韵书中的释义施于木鱼书例中同样扞格不通。在其他粤语文献中还可写作"煎"，如：点校本咸水歌《那边大姐白媚媚》："但凡系药三分毒，吃得拆骨又煎皮。"（110页）点校本粤剧《写状》："【滚花】死为厉鬼，拿住奸贼，削骨煎皮。"（103页）"煎"词义施于上文例证则扞格不通。此外，木鱼书中又可见"墡"，如：清五桂堂本《梁天来告状》卷一："我打佢重伤还未死，蚁

---

① 邓少君：《广州话声韵调与〈广韵〉的比较》，《语文论丛》，上海教育出版社 1981 年版，第 150 页。
② 信宜县师范学校编：《广州话同音字汇》，信宜县师范学校 1977 年版，第 371—372 页。

命留生捱过年,抽身直往街头走,叫人便把佢衣㙮。"(3/8/b)"㙮"从字形上看,楷定后写作"㙮",字书未见。实际上"㙮"应为"搌",在木鱼书中部件"扌"与"土"常混不别。"搌"在字书中的多个释义与木鱼书不合。此外,㙮民国五桂堂本《梁天来告状》中作"揃"。"揃"有"剪;分割"义。但是清五桂堂本《梁天来告状》中下文作"轻拳就劈佢衣裳"(3/10/a),因此所指的并非是剪衣服。

今以为:"毡""氊"等,皆不为本字,其本字当为"皶"。《广雅·释诂三》"皶,离也。"王念孙《广雅疏证·释诂三》"皶,离也"条:"皶者,内则去其皶。郑注云:'皶谓皮肉之上魄莫也。'《广韵》:'皶,皮宽也。'是离之义也。"此外在《广雅》中,"皶"与"剥"释义皆为"离也","剥"本义是割裂,后引申为剥离。由此我们可以知道,"皶"在"分离"义应与"剥"相近。而"皶"的皮分离义在方言辞书中可见。如:罗存德(1869:840)《英华字典》"Flay to"条:"剥皮,皶皮,皶你层皮,皶面皮。"同本"Flayed"条:"剥过皮,皶过皮。"(840页)白宛如(1998:346)"皶"条:"广州。揭,撕,剥。"

"皶"在白宛如(1998:346)《广州方言字典》中音"[tsin˨]",在本书中"煎""毡"与"皶"同属"tsin",只是声调有别,因此可为"皶"的假借。"氊"与"毡"在《分韵撮要》中同属照母先韵,高利士(1965:7)《粤语辞渊》中二字音同"chin"。詹伯慧(2002:447)"膻(氊)"条:"(二)dzin1 [毡]。"由此可知,"氊"与"毡"音同,木鱼书中为"皶"的假借。此外,冯田猎(1996)《粤语同音字典》中收录了"搌""揃"[①],同样与"毡"音近,只有声调之别,因此亦是假借。综上,我们可以总结"毡""氊""煎"等是通过假借的方式记录了"皶"。

四、{蹻}:"踏"

以文堂本南音《呆佬拜寿》中卷:"呆佬慌忙移步踏,着急回归历诉一轮。"(1/526/c)

---

① 在冯田猎《粤语同音字典》中,"搌""揃"音同[zin2]、"毡"音[zin1],详见第354—355页。

"跶"字书未见收录,今以为该字应为"躏"的同词异写。

"躏",《汉语大字典》中收录该词,其中一个义项为"践踏,蹂躏"。典籍中常见该义的使用,如明刊本《皇明大事记》卷十八:"师少却,纵象马躏我兵。"(8页)点校本《新唐书》卷二百二十:"大食君闻之,赍金一囊置其郊,行者辄避,如是三年。太子过,以足躏金,悉莫怒,将斩之。"(6302页)点校本《清史稿》卷四百七十九:"索伦兵伐民墓树,纵马躏田禾,反诬村民絷其马。"(13072页)可以发现"躏"在典籍中多见"踏"义。在粤语辞书中"躏"的词义与《大字典》中相同。

可是"踩踏"义施于《呆佬拜寿》句中,则难以理解。又龙舟歌可见"移步跇",以文堂本《锦绣食斋成道》上卷:"无奈绣房移步跇,唔好怠迈。"(2/539/a)曾良(2012)已经论述,"跇"即"躐"之俗,在近代汉语中俗写为"踩"。《大词典》中收录"踩"的一个义项为"走,行走"。据此可以猜测,《呆佬拜寿》中的"躏"的词义应该是由于同义词"踩"[①]的词义可由"踩踏"引申为"行走","躏"被临时赋予了"行、走"义。

而选择"跶"来记录"躏",则是改换音同声符,达到简化书写的目的。"斉""蔺"通假已久,先秦《睡简·日》177:"以入,蔺(斉)。"[②]在古籍音注中,"斉"常作为"蔺"的直音音注,《廿一史弹词注》卷二:"蔺音斉。"(63页)《古本戏曲丛刊初集》明刊本《重校金印记》卷三:"蔺音斉。"(148页)在粤语中,"斉""蔺"仍音同[③],王建军(2018)册九《字汇》"论"条同音字:"斉、蔺。"(134页)因此书手选择同音字"斉"替换声符"蔺"。

五、｛拸｝:"敦"

以文堂本南音《呆佬拜寿》中卷:"一齐埋手打佢一轮,引动街坊人议

---

① 明刊本《名物类考》卷二:"践踏曰蹹、曰跐、曰躐、曰躏跭、曰踩踏。"可以帮助理解"躐"与"躏"在表"践踏"义时属于近义词或同义词。

② 张显成主编:《简帛语言文字研究(第1辑)》,巴蜀书社2002年版,第369页。

③ 信宜县师范学校编:《广州话同音字汇》,信宜县师范学校1977年版,第203页。

论,有个又话拈条锁链把佢敦……清香宝烛来烧进,有谁敢话把你来敦。"
(1/526/c)

"敦"在字书辞书中的义项施于上例则扞格不通。今以为"敦"为"拕"
的同词异写。《广雅·释诂一》:"拕,引也。"王念孙疏证:"古通作'顿'……
今江淮间犹谓引绳曰顿矣。"古籍中可见"顿"表"拉扯"义,如:《古本小说集
成》(下文简称《集成》)明刊本《水浒传》第四回:"顿断绒绦锦鹑子,犹如扯
开铁锁火猢狲。"(148页)《古本戏曲丛刊》明刊本《高文举珍珠记》第二十
出:"打破铁笼飞彩凤,顿开金锁走蛟龙。"(111页)《集成》世德堂本《西游
记》第三十回:"他忍不住顿绝缰绳,抖松鞍辔,急纵身忙显化,依然化作龙。"
(731页)《集成》清刊本《续红楼梦》第十八回:"宝玉飞身上马,出了府门顿
辔加鞭,不多一时到了朝门。"(833页)郭芹纳(2002)文中曾对关中方言中的
"拕"做出梳理,可参。《大词典》中收录了"顿",其中义项有"挣、甩"以及"通
'拕'",实际上这两个义项应该进行整合,即"顿":"通'拕'。引,拉义。"

在粤语中,"敦""顿"音近。在《分韵撮要》中二字同属端母津韵。《广
州话同音字汇》中"顿""敦"音近,只是调号有异。因此用"敦"作为"顿"的
假借。又根据上文,"顿"通"拕",从文中句意来看所指的即是拿锁链拉人,
文顺义通。

六、{<ruby>毰<rt></rt></ruby><ruby>襶<rt></rt></ruby>}:"氃带""毢带""毢歺""氃獃""毢扶"

成文堂本《新谏妇人》中卷:"莫来数我女裙钗,你自己运衰重将我赖,谁
人有你咁氃带。"(1/235/c)

"氃带"词义难明。又"氃"有类推简化字"毢",因此可见"毢带",如:
醉经书局本《赌仔卖女》下卷:"真正噎肺,闷心怀。只因嫖赌所为咁毢带,想
必前生少落人钱债,至令今日要还埋。"(2/487/c)此外又可见写作"毢歺",
如:成文堂本《五谏洋烟》:"自古行船争解缆,买卖要争先。一被烟迷悟方便,
毢歺软弱做事迟延。"(1/244/a)"毢歺"辞书未见收录,又可见写作"氃獃",
如:五桂堂本《七嫁才郎》:"阿鼻形容真古怪,好似屎凼关刀似足废柴,文武

不能无了赖,分明削野几咁薳獃。"(1/54/c)"薳獃"辞书仍未见。又可见"㾣扶",如以文堂本《朱买臣分妻》上卷:"亏我洪门秀士卖冈柴,为着家贫无了赖,至怜苦楚咁㾣扶,配着恶妻性情古怪。"(1/449/d)"㾣扶"中的"扶"在字书中为"犾"的讹字,"㾣扶"辞书未见。而"㾣"的部件"子"常讹作"扌",如清五桂堂本《狄青比武》下卷:"你捊我捆见君皇。"(1/595/c)因此怀疑"㾣扶"的"扶"本为"犾",是"大"的增旁俗写。可是"薳大"辞书仍未见收录。

今按:"薳带""㾣歹"等词皆是"襶襶"的异写。

"襶襶",《大词典》中已有收录,其中义项③为:

"愚蠢无能;不晓事。清胡文英《吴下方言考·襶襶》:'襶襶,不能事而笨也,吴谚呼笨人为襶襶。'"

许宝华、宫田一郎(1994:7174)有义项:"④〈形〉乖劣;低劣。⑤〈形〉懒惰;无赖。"在典籍中还可见"襶襶"有其他释义,如:《〔嘉庆〕太仓州志》卷十七:"襶襶,俗呼人姓(性)呆劣者。"(8页)《续修四库全书》明刊本《方言据》卷上:"襶(襶)襶,谓人性不严谨无威仪者。"(390页)从以上义项中可以发现"襶襶"义可指人品低劣,将这个义项施于上文例证中,文顺义通。

"襶襶",宋刊本《太平御览》卷三十四中作"能襶":"能音奈;襶音戴。"(82页)四库本《古文苑·程晓〈嘲热客〉》:"只今襶襶子,触热到人家。"章樵注:"襶襶,音耐戴。"(640页)在方言文献中,又有音变,如:《〔嘉庆〕太仓州志》卷十七:"襶襶音如赖獃。"(8页)《续修四库全书》本《方言据》卷上:"襶(襶)音赖;襶音戴。"(390页)而在粤语中,"薳",《分韵撮要·皆韵》:"良佳切。"清刊本《英语集全》"薳":"利挨切。"(36页)卫三畏(1856:219)中"薳"音"lái"。《广州话同音字汇》"dai"条有"戴、大、带、歹、獃"。(101页)高利士(1965:107)《粤语辞渊》中也可见"戴、大、带、歹、獃"音近,只是在粤语中这些字调号有些许差异。因此"襶襶"在粤语文献中的异写形式有"薳带"等。

顺便也可以说下,"襶襶"在北方文献中还可写作"赖呆":秦腔《五典坡》:"王宝钏:'一十八年没见,着是那个赖呆样子。'"(158页)鼓书《打赖

呆》:"好不该,把孩儿嫁给死赖呆。"(270 页)

七、{嘅}:"唭"

清以文堂本《三合宝剑初集》二卷:"天子听言深喜悦,卿家忠爱果非常。你爱驸马郎真心爱朕,寡人准你唭言章。"(4/12/d)同本《三合明珠宝剑三集》卷二:"狗眼王姑都不识,我要刺崩你眼珠。等你早日盲休唔睇见,免抢人家唭女儿。"(4/58/a)又,在龙舟歌中同样可以发现大量例句,如:清以文堂本《行炸李准》:"闰六月十九又吓一惊。且说李捉(准)被炸当下唭情形。"(1/459/c)以文堂本《改良洋烟自叹》:"起身睇下四副头,谈吓(下)古典。摇下鹅毛扇,食口兰州唭水烟。"(2/6/b)以文堂本《贤妇谏烟夫》下卷:"食到皮黄兼共骨瘦,做乜身骄肉贵做嗷唭下流。"(2/470/c)

"唭"汉语字书中未见收录。从木鱼书及龙舟歌例证中可以推测"唭"应该是虚词。从"口"旁又可以猜测"唭"应该是粤语中的口语词。今按:"唭"应是粤方言词"嘅"的同词异写。

在粤语文献中可发现"嘅"大量出现。如:1888 年《约翰传问答》第四课:"名叫尼哥底母,做犹太嘅官。"(8 页)同本:"人倘若唔系再生,必不能见神嘅国。"(8 页)1865 年《亲就耶稣》:"佢睇得见你。听闻你求佢嘅说话。"(1 页)李荣(2002:4353)《现代汉语方言大词典》中收录"嘅":"广州,助词'的'。"李如龙(2002:395)在研究粤语特征词时举例"嘅"可以作结构助词和语气词。彭小川(2010:107)也曾对"嘅"的语法功能进行研究。以上研究皆可参。

而"嘅"有异体"唭"应该是由于粤语书面用字的随意性缘故。张荣荣(2020:82)在对粤方言"口"旁自造字的研究中总结这种自造字是标音合成字,可从。粤语方言受到壮侗语族语言的影响,黎田(2003:117)在文中提及"嘅"在壮语中也有出现,因此"嘅"本身即是方言记音俗字。由于"既""记"音同,因此将"嘅"写作"唭"。

八、灵琼/灵嚓/灵擎/灵檠

璧经堂本《新订十二时辰》:"不是话罗底柠檬唔四正,重有琴棋诗画更重灵琼。"(1/9/c)以文堂本《孔子博学》:"项橐闻言忙顶颈,做乜鱼鳖能浮侍咁轻,你话皆因方足还未讲正,缩头蛤蟆做乜佢叫得咁灵琼。"(1/291/b)今点校本《龙烛》:"陆军赞成倡革命,五方相应极灵琼。"(134页)

"灵琼"未见辞书收录。此外在又可见写作"灵嚓",成文堂本《新谏妇人》:"无的斯文你重讲乜灵嚓,日日企在门边来卖靓,令人怒气冲天顶。"(1/234/d)同本下文:"荷包示起真干净,全无本事你重讲乜灵嚓。"(1/235/a)又可见写作"灵檠",点校本《老将自劝》:"舍得政府系话荷包松动,总要练到学人地咁灵檠。"下文校注"灵檠":"粤语方言,高强的意思。"(302页)在文献中还可见写作"灵擎",玉林谚语中有:"小气人办事难成,大方人办事灵擎。"(273页)清末《时事画报·蚊烟》:"如果有咁灵擎,驶乜卖得咁贱。"(495页)"灵擎",许宝华(1999:2964)《汉语方言大词典》中已有收录,义为"灵验"。傅雨贤(2015:225)《连平方言研究》收录"好灵擎"条,义项为"效果很好"。

但是"灵琼"等词应为粤语白话,"琼""檠"等字应为记音作用。李荣(2002:6398)收录了"灵□":"东莞 ŋeŋ˩ k'eŋ˩。"万波、张双庆(2015)就表示"灵 k'eŋ˩"的"k'eŋ˩"有音无字。此外,从辞书中的拼音也可以发现"灵琼"为叠韵词。在客家方言中也可发现该词,朱炳玉(2019:124)认为应写作"灵勍",但是未见典籍收录。

白话词语中的俗语词有一些由于受到文献以及方言因素影响,词源渐不可考。但是从俗语词的书面多样形式来看,"灵琼""灵嚓""灵檠"等同词异写形式需要做出总结。

参考文献

白宛如编纂:《广州方言词典》,江苏教育出版社1998年版。

冯田猎:《粤语同音字典》,广州出版社1996年版。

傅雨贤:《连平方言研究》,中山大学出版社2015年版。

郭芹纳主编:《关中方言"騤""毕""拕"疏证》,《汉语言文字学论文集》,陕西人民出版社2002

年版。

李如龙主编:《汉语方言特征词研究》,厦门大学出版社 2002 年版。

李荣主编:《现代汉语方言大词典》,江苏教育出版社 2002 年版。

黎田、黄家齐:《粤乐》,广东人民出版社 2003 年版。

彭小川:《广州话助词研究》,暨南大学出版社 2010 年版。

万波、张双庆:《汉语方言音节结构差异与普通话语音教学》,《中国方言学报》2015 年第 5 期。

许宝华、宫田一郎主编:《汉语方言大词典》,中华书局 1999 年版。

杨子静、萧卓光主编:《广州话熟语大观》,中国文联出版公司 1998 年版。

詹伯慧:《广州话正音字典》,广东人民出版社 2002 年版。

张荣荣:《粤方言"口"旁自造字的性质及相关问题》,《五邑大学学报》(社会科学版)2020 年第 2 期。

王建军主编:《清至民国岭南杂字文献集刊》,广西师范大学出版社 2018 年版。

朱炳玉:《客家方言词语考释》,广东人民出版社 2019 年版。

曾良:《"甩""踩"的历时来源》,《汉语史学报》2012 年第 12 辑。

〔英〕马礼逊:《五车韵府》,墨海书馆 1865 年版。

〔德〕罗存德:《英华字典》,Daily press office 1869 年版。

〔美〕卫三畏:《英华分韵撮要》,广州羊城中和行 1856 年版。

〔美〕高利士:《粤语辞渊》,香港大学出版社 1965 年版。

香港理工大学中文及双语学系:十九世纪中后期(1865—1894)粤语基督教典籍资料库,https://www.polyu.edu.hk/cbs/hkchristdb/?fbclid=IwAR1nD8CHWg8Y2cXJJsu4FOhgxgv_xvJsRKiWmsdUywe_6wL3sxNm9ifTt18&mibextid=Zxz2cZ#intro_2,2024-03-07.

作者工作单位:安徽大学文学院/语言学与汉语史研究中心

民间杂字文献俗写音义四则*

周太空

摘　要　民间文献是汉语史研究的特色材料，它记录了大型历时性辞书未能体现的一些俗字俗音。这些俗字如果按照传统辞书中收录的音义去解读，往往就会造成理解错误，甚至出现难以理解的情况。文章以民间杂字文献中"簠""箅""縿""匷"的音义为例，试做说明。
关键词　民间文献；杂字；音义

段玉裁《广雅疏证序》指出："小学有形、有音、有义，三者互相求，举一可得其二；有古形、有今形，有古音、有今音，有古义、有今义，六者互相求，举一可得其五。"然而，在汉语的长期发展中，除了上面所说的形音义，还有许多俗字、俗音。这些俗字、俗音在传统大型辞书中一般难以体现，而在民间文献中却很好地保留了下来。目前，民间文献已经成为汉语言文字学研究的特色材料，尤其是帮助儿童和成人识字的民间杂字文献，当中保留了大量的俗字、俗音，是近代汉字学、词汇学、方言学研究的宝贵材料。

一、簠

"簠"，《汉语大字典》音"lèi"，指"用砻去掉稻壳"或"去掉稻壳的工具"。然而，在民间文献，如杂字书中，"簠"则多作为"盛具"讲，请看下面徽州杂字书中的例句：

---

* 基金项目：本文系国家社科基金重大项目"宋元明清文献字用研究"（19ZDA315）阶段性成果；江苏省高校哲学社会科学研究一般项目《《元刊杂剧三十种》文本整理与词汇研究"（2022SJYB0549）。

（1）刻本《对相四言杂字》："篮、簂、梭、笈、箕、罩、筐。"（《徽》1:50）①

（2）抄本《四言杂字（□宰精华）》竹笱："谷围簟筐，箩簂粪箕。"（《徽》2:56）

（3）抄本《昔时简要杂字》："浆桶酱坩，葫芦饭簂。"（《徽》2:434）

"簂"作为"盛具"讲，在岭南杂字中也不乏用例，兹举两例。如王建军主编《清至民国岭南杂字文献集刊》第1册广西桂林《东园杂字》竹器门："鱼簂、虱笼、门帘、竹簟。"（《岭南》1:61）第2册广西贺州《七言杂字》农匠杂用门："箕簂篓绯鳝笱子，竹篮屏斗扁荷须。"（《岭南》2:166）方志中也有用例，曹小云、曹嫄辑校《历代方志方言文献集成》第9册四川省民国《简阳县志》方言："【广东】……筷箕曰筷簂。筷上声，簂去声……笆笼曰簂笭。"

"簂"或作"蒚"。俗写"⺮""艹"相通。

（4）抄本《家常便用杂字》："背蒚谷箩，簸箕米筛。"（《徽》2:353）

《大字典》中"簂"的释义显然不适用于上述例句。杂字中"簂"对应的图片如下：

图1　簂（《对相四言杂字》）　　图2　簂（《东园杂字》）　　图3　簂（《霞园杂字》）

从图片来看，"簂"当为一种竹篾制的笼具，形状略有差异。《越谚》认为"簂"是盛鱼虾的器具，其器用类："簂：'堪'入声。篾具，圆口长颈，圊大其腹。渔农系腰，以盛鱼虾、蟹蛙、蚌蛤。"当然，也有对《越谚》之说提出怀疑的。《历

① 文章所引杂字例句主要来自戴元枝《清至民国徽州杂字文献集刊》，王建军《清至民国岭南杂字文献集刊》，李国庆《杂字类函》，李国庆、韩宝林《杂字类函·续》，分别简称《徽》《岭南》《类函》《续》。例句末尾皆标明例句出处及册数页码，如（《徽》1:50）表示例句在《清至民国徽州杂字文献集刊》第1册第50页。

代方志方言文献集成》第 5 册《鄞县通志》："搭篓(籭篓)：……《越谚》作'籭'，音'堪'入声。案'籭'见《篇海》，卢对切，稻米磑也。音谊(义)皆不近，未知《越谚》何据。""籭"注音"堪"，在杂字中也有用例，李国庆编《杂字类函》第 2 册宣统元年上海广益书局石印本《新镌智灯杂字》农器类："兜籭。"(《类函》2:282)注释"下堪入声"。即下字"籭"当读作"堪"入声。吴昌政、姚美玲(2020:175)认为"(堪入声)或是对'籭'的同义换读，乃是另一个意义相近的词之语音，抑或有讹误"。

字书"籭"或作"纍""纍"的换旁俗写。如明陈士元《古俗字略》卷一平声四支韵力追切："虆：土笼。纍，同上。籭，俗。"此处明确指出"籭"为"虆""纍"的俗字。又岭南杂字中"鱼籭"或写作"鱼纍"，广东广州冯兆瑄抄本《二言杂字》家用什物类："竹箩、鱼纍。"(《岭南》4:211)由此可见，"籭"即"虆"(纍)的俗写，指"土笼"。吴昌政、姚美玲(2020:175)也赞同此说，指出"杂字书中所收'籭'字当为筐笼义，即盛物竹器，其音同'诔'"。并认为"表筐笼义'籭'当是由表筐笼义之'虆'发展而来。'虆'在中古时已有脂韵'力追反'和戈韵'力戈反'两读，因不同地区方言差异或误读的影响，'力追反'又产生上声异读，音同'诔'。这一异读在更早时期或由'纍'字记录。"王挺斌、赵平安(2022:74)认为筐笼义的"籭"可以联系青铜器中的"罍"。"'罍'这种器物，用陶制成则为'陶罍'，用铜制成则为'铜罍'，用竹制成则为'竹罍'。历史发展过程中，形制上会有一些差异，用途也很多样，但小口大腹的特征则一以贯之。"以上观点可备一说。

徽州杂字书中"籭"或同"篓"。光绪文和堂刊本《农业杂字》竹丝类："饭籭筬箩，信簍布箅。"(《徽》1:88)《杂字类函：续》第 6 册抄本《农业杂字》"籭"注音"柳"。(《续》6:26)清光绪十二年(1886)宋观成订《乡音集要解释》首受十二："籭：盛饭竹器。"清末民初婺源星江程仲庭《婺北乡音》上声十二海："籭：油~炭~。簍：同上。"方言韵书中，"籭"与"柳""篓""磊"等同音。"籭"或为"篓"的方言自造俗字。

"籭"，徽州杂字书又注音"对"。《四言杂字(文房四宝第一种)》："瓷器花鎌，筛箩米篕。”（《徽》1:492）“篕”注音“对”。“篕”注音“对”亦见于《重刊详校篇海》《康熙字典》等字书，燕京藏万历刻本《重刊详校篇海·竹部》：“篕：卢对切，音对。篕，稻米磑也。”《康熙字典》引《篇海》同。据反切（卢对切），“篕”当音“类”。《字汇·竹部》：“篕：卢对切，音类。篕，稻米磑也。”王力《康熙字典音读订误》：“按，卢对不切‘对’。当云音‘类’。”“篕”注音“对”，吴昌政、姚美玲（2020:173）也有提及，认为：“《详校篇海》音‘对’当作‘音类’，或因涉前‘卢对切’之‘对’而误。”我们怀疑“篕”注音“对”或与方言白读有关，方言中（如赣方言、客家方言、闽语来母逢细音今读塞音的湘语、徽语部分方言点）存在来母逢细音读塞音的情况，这一方言特点前辈时贤多有关注。①

二、筻

“筻”，《汉语大字典》作为地名用字：“〔筻口〕地名，在中国湖南省岳阳县。”杂字中“筻”则归入竹器类。请看以下例句：

（1）刻本《对相四言杂字》：“蓝（篮）、篕、梭、筬、筻、罩、筐。”（《徽》1:50）

（2）刻本《农业杂字》竹器类：“虾筻虾耖，鱼罟鱼筦。”（《徽》1:97）

（3）抄本《四言杂字（领鹿鸣宴）》：“畚（畚）箕烟籣，筻筦菜篮。”（《徽》2:127）

清光绪十二年（1886）宋观成订《乡音集要解释》十六：“筻：取鱼虾具。”“筻”，作为竹器，亦见于岭南杂字。如王建军主编《清至民国岭南杂字文献集刊》第4册广东广州《一言杂字》：“筻：虾～。”（《岭南》4:422）第6册广东广州《二言杂字》便用：“丫叉、壳笼、炭篓、鸡筻。”（《岭南》6:188）第10册广东广州《应酬杂字》竹器：“蚬筻、虾筻、鱼笼、鳝笼。”（《岭南》10:348）“筻”注音“更”。根据杂字对应图片，“筻”是长条形类似于篱笆的一种竹器。

① 徐建《皖西南赣语来母细音前今读塞音现象考察》在《安徽农业大学学报》（社会科学版）2019年第3期中列举了这一方言现象的分布情况及各家观点，可参。

图 4　箯(《对相四言杂字》)　　　　图 5　箯(《霞园杂字》)

"箯"字作为竹器讲,亦见于广东地方志和史料笔记等文献。如清道光刻本《广东通志》卷三百三十列传六十三:"其户有大罾小罾、手罾、罾门、竹箔、篓箔、摊箔、大箔小箔、大河箔、小河箔、背风箔、方网、辏网、旋网、竹笒、布笒、鱼篮、蟹篮、大罟、竹箯等户一十九色。"《历代史料笔记丛刊·清代史料笔记》屈大均《广东新语》卷十八舟语:"有大罾小罾、手罾、罾门、竹箔、篓箔、摊箔、大箔小箔、大河箔、小河箔、背风箔、方网、辏网、旋网、竹笒、布笒、鱼篮、蟹篮、大罟、竹箯等户一十九色。"两者内容基本相同。

不少学者对"箯"字也作讨论。刘美娟(2012:107):"【箯】一音 gái,义为篱笆。一音 gàng,义指竹篱笆。"杨士安(2012)指出"箯"字除作地名外,还可有两种含义:"一是'竹名',二是'竹木编成的栅栏状物,如渔具簖、箔或护园的篱笆等。'""箯"既可以用在陆地上当作篱笆,也可以用在水中捕取鱼虾。同时,刘文、杨文皆指出作为地名的"箯口"是因为湖南省岳阳县境内有新墙河、游港河流经汇合,旧时渔民多置"箯"捕鱼为生,故名。由此可见,"箯"在方言中指篱笆一类的栅栏状物,常用来捕鱼虾。作为地名讲,也是与"箯"的篱笆义联系密切。

三、繺

徽州杂字文献中常见"繺箜"一词,如:

(1)抄本《切要字》:"筲箕箩,绩繺箜。篾甩篓,伙食箱。"(《徽》1:23)

(2)抄本《四言杂字(领鹿鸣宴)》:"烟箕钓鼋,麻筧繺箜。"(《徽》2:128)

（3）抄本《启蒙六言杂字》："麻篮綷箜盒络，细篵团簸烘笼。"（《徽》4:94）

据文意，"綷箜"类似于针线盒之类的东西。"綷"，一般韵书字书仅收"仓代切"这一个音，释为"綷綷鲜衣"。如《集韵》去声代韵："綷，綷綷鲜衣。"《类篇·丝部》："綷，仓代切。綷綷鲜衣。"《正字通·丝部》："綷，同縩。"《汉语大字典》也是只有"cài"这个读音，释为：①绡煞。引《淮南子·要略》："犯论者，所以箴缕綷繳之间，攕揳唲齵之郄也。"高诱注："綷，绡煞也。"②丝属。引《越谚》"格致之谚"："乱綷难理，泼妇难治。"《重刊详校篇海》（燕京藏万历刻本）中记录了"仓代切""子计切"两个读音。《重刊详校篇海·丝部》："綷，仓代切，音菜。綷綷，鲜衣。班婕妤赋注：'纷綷綷兮绮素声。'又子计切，音祭。同䘴。""䘴"，《宋本广韵》去声霁韵："䘴，缉麻苎名。出《异字苑》。"《正字通·齐部》："旧注音祭，缉麻纻也。或作綷。按：綷或作縩。班婕妤赋：'綷縩。'相如赋：'萃蔡。'注：衣鲜也。又衣声皆不作䘴，合綷䘴为一，误。"《正字通》已经注意到"綷""䘴"的读音问题。《康熙字典·齐部》："《广韵》《集韵》并子计切，音霁。《广韵》缉麻纻也。出《异字苑》。或作'綷'。"如《四言杂字(人有四等)》："打鞠搓索，织綷纺纱。"（《徽》1:337）此处的"綷"就是指"缉麻纻"。

吴语文献《越谚·服饰》："绩綷：同'䘴'，音'借'。麻丝绩成为团曰'綷'，其续也曰'绩'。"又《越谚·器用》："䘴箜簩：'借空待。'盛所绩之麻者。"因此，"綷"是"䘴"的换旁异写。《大字典》当增补"jì"读音。

从"綷"字俗写的谐声偏旁，也能证明"綷"读作"jì"。"綷"在徽州杂字中又写作"綺""纃"，如：

（4）抄本《逐日杂字》："剥苎剃麻，绣朵桃花。做绵搓线，绩綺纺纱。"（《徽》1:225）

（5）道光延古楼刻本《精校音释分门定类启蒙全书》"女工"："纺纱绩麻捻䌫，刺毡帮鞋锁弦。"（《徽》4:525）

（6）抄本《四字通用》："绩纃合线，梳布纺纱。"（《徽》3:161）

"綺""纃"即"綷"的换旁俗写。"綺""纃"分别从"寄""齐"得声。《精校音释分门定类启蒙全书》"鹡"注音"济"。《徽州文书》第2辑第3册民国胡义盛记《休邑土音》六溪之三嗟韵祭小韵："绮,绩绮。""绩绡",《急用杂字》作"绩繺"："剥蔴剗苎,绩繺纺纱。搓线缝补,摘绳做鞋。"(《徽》2:403)"繺",字书作"齐缞"之"齐"的增旁俗写。如《汉语大字典》:"繺缞：即齐缞。"《中华字海·丝部》:"繺：音资。〔~缞〕同'繺缞'：古代用粗麻布做的丧服。"此处,"繺"为"繺"的换旁俗写。例句"繺"当为"繺"字的换旁俗写,又《杂字类函:续》第8册清文华堂刻本《四言杂字》:"缫茧抽丝,纺繺络纱。"(《续》8:60)

黄汕青(2014:182)也注意到"繺"的音义问题。认为《大字典》中"繺"的音义皆有商补之处。其《明清闽南方言文献语言研究》第四章"词汇研究"第四小节"从方言词看南方方言词汇的共性"通过考察闽地和吴地文献,指出:"'繺'是吴语和闽语的共有词,指绩苎麻,又可指绩好的苎麻线。'繺'本写作'幯',来源于古代吴语。该字可能是由吴语区传播到闽语区,根据各地的读音差异,又将其写作'繺''䌍'。"是。

这里顺便说一下"繺"在杂字中的其他俗写字形。据我们所见,"繺"还可以写作"縒""総""𰼬"等。如:

(7)光绪抄本《农业杂字》器用第六竹器类:"深盘糠盘,绩筐総筐。签筹箫笛,钓竿风蓬。"(《徽》1:97)

(8)抄本《四言杂字(文房四宝第二种)》:"縒笼酒籔,米筛簸箕。"(《徽》1:527)

(9)光绪抄本《新编农事类急用》:"纺线缉総,麻纱苎纱。解総作纬,纺车篗车。"(《徽》3:375)

(10)民国抄本《四言杂字》:"纺车総筐,摇篮焙床。"(《续》7:224)

(11)国石印本《绘图求真杂字》:"针黹勤俭,绩𰼬纶麻。"(《续》6:103)

(12)民国抄本《四言杂字》:"楠机纺车,绵篓𰼬筐。"(《续》7:337)

"縒",字书不载。"縒"与"线""纬"对举,当指丝线。且例(7)"総筐"可与"繺筐"比勘。"縒"当为"繺"的换旁俗写。又"𰼬"字,《说文·丝部》:

"缣:绩所缉也。从系次声。"《宋本广韵》去声至韵:"缣:绩所未缉也。"例句"缣""麻"对举,"缣"用作名词。《现代汉语方言大词典》:"【缣】萍乡[tsɿ¹¹]已经捻接好尚未绞成线的麻缕。"又有"缣筐""缣篮子":【缣筐】萍乡[tsɿ11ɕiõ¹³⁻⁴⁴](或[tɕ‘ɿõ¹³⁻⁴⁴])盛缣的小竹筐,用细篾编成。【缣篮子】长沙[tsɿ⁵⁵lan¹³tsɿ]即【缣篓子】[tsɿ⁵⁵¹ɤu³¹·tsɿ]装麻的篮子。"缫""缣"语义相同,例(12)"缣筐"可与例(10)"缫筐"比勘。这里的"缣"当也为"缫"的俗写。

四、豏

"豏"有"古送切""古禫切"两读。读"古送切"时指"小杯";读"古禫切"时,又指"箱子"和"器盖"。《宋本广韵》上声感韵古禫切:"豏,《方言》云:'箱类。'又云:'覆头也。'又音贡。"去声送韵古送切:"豏:小杯名。又音感。"《字汇·匚部》:"豏,古坎切,音感。器盖。一曰覆头也。又古送切,音贡。《说文》:'小杯也。'""豏"在徽州方言中也有"箱子"和"器盖"义,且写法多样,语音差别明显。

(一)表"器盖"义

或写作"篢"。光绪婺邑文和堂刊本《农业杂字》竹器类:"甑篢甑箅,菜篮草笼。"(《徽》1:96)"篢",字书不载。《杂字类函:续》第6册抄本《农业杂字》同作"篢",旁注"寝"。(《续》6:34)徽州部分县域"篢""寝"方言读音相同,宋观成订《乡音集要解释》中"篢""寝"同属上声董动韵的宠小韵。又屯溪黄茹古堂刊本《四言杂字(丈尺斤两)》:"丝机纱簚,甑篢笼床。"(《徽》1:270)延古楼刊本《开眼经》:"锅篢饭甑,盆桶杓瓢。"(《徽》3:86)"篢"注音"敢"。《杂字类函:续》第1册余一夔编《便读杂字》常用器皿类:"畚箕、擂槌、蓬篢。"(《续》1:158)"蓬篢"旁注:"盖也。又锅篢。""篢"注音"耿"。上述例句之"篢"即"器盖"义,不同县域方音或有差异。"甑篢""锅篢"即甑盖、锅盖。

或写作"櫢"。抄本《日用广韵》器物利用门:"箸笼、镬櫢、广杓、铜壶。"(《徽》3:400)同书,"酱篷、酱櫢"。(《徽》3:402)

或写作"籨"。抄本《六字编装》:"团籖米筛簸籨,砻磨水碓米囤。"(《徽》5:6)"簸籨"或为"筶簸"一类的竹器,因其帮较浅,形状上类似盖子,故称。

或写作"厴"。抄本《七言杂字(第二种)》:"甄厴甄皮与茶箬,大小篁及大小篆。"(《徽》5:229)

(二)表"箱笼"义

或写作"籨"。如抄本《切要字》:"焙筬籨,团簸筛。"(《徽》1:23)"焙筬"是烘烤食品或衣物的竹器,下面悬空放置炭火,上面放置烘烤的东西。据李荣《现代汉语方言大辞典》,黎川方言有"焙簃","烘簃"指"用来烘干衣服、尿布等的笼子"。那么,这里的"籨""簃"当为箱笼义。

或写作"籄"。光绪婺邑文和堂刊本《农业杂字》"鬻髻匠"类:"摇鼓背籄,铁钳铁鞓。"(《徽》1:85)又"杂货客类":"杂货客者,圆籄摇鼓。绒线花针,鞋头面布。"(《徽》1:107)《杂字类函·续》抄本《农业杂字》同,"籄"注音"笼"。(《续》6:45)《杂字类函·续》第1册《便读杂字》家常器皿类:"橱柜籄箱。"(《续》1:154)"籄"注释:"龙上,竹籄。"清光绪十二年(1886)宋观成订《乡音集要解释》卷二上声之二上笼小韵:"笼:箱~竹~。籄:同。"清末民初婺源星江程仲庭《婺北乡音》上声十九动:"籄:箱~。笼:同上。~络。"这说明,"簃"表箱义在徽州方言中或读作"笼",作为"笼"的俗写。

或写作"簀"。抄本《四言杂字(六书教士)》:"匾匣簀盒,厨柜箱篱壁籨。"(《徽》1:320)抄本《四言杂字(文房四宝第二种)》竹器第九:"簀箱篮篓,签筒竹箪。"(《徽》1:526)抄本《六字编装》:"竹厨榨包或焙,箴簀衣架帽箱。"(《徽》5:6)"簀"同"簃",《集韵》上声感韵:"簃:箱类,或作簀。""簀"又读作"lǒng",方言指"箱子",黄侃《蕲春语》:"吾乡为死者作斋,编竹为小篋以盛纸钱曰簀,而读笼上声。恒言箱篋亦多曰箱簀。"

或写作"簐"。《七言杂字(第二种)》:"红簐箩,厨里屈,粗细米筵。"(《徽》5:258)《集韵》上声感韵:"簐簃檻:篋类或作簃檻。"《龙龛手镜·竹部》:"簐簀:都感反。~笼,竹器也。二同。"

"簃""簀"表"箱笼"义,岭南杂字或作"槏"。王建军《清至民国岭南杂

字文献集刊》第9册广东广州《字学良知(上、下册)》:
"㮊。衣～。"(《岭南》9:67)"㮊"也读作"笼","㮊"
字后接"陇""龙""垅"等字。据凡例所言:"认字之
法,先看形图,知为某物,便认识顶头之字,复寻脚下
白字起一连俱用同音。每字计加注释,不致有白字之
误。"故,"㮊"当与"陇""龙""垅"同音。

图6　㮊

综上,民间杂字文献为我们保留了在大型字书辞
书中难以体现的俗音俗义,这些俗音俗义不仅为完善《大字典》《大词典》等
辞书提供了丰富的信息,也为丰富汉语史的研究提供了宝贵的材料和新的角
度。

参考文献

汉语大字典编辑委员会编纂:《汉语大字典》(九卷本),湖北辞书出版社、四川辞书出版社2010
年版。

黄沚青:《明清闽南方言文献语言研究》,浙江大学2014年博士学位论文。

冷玉龙等:《中华字海》(重印本),中国友谊出版公司2000年版。

李荣:《现代汉语方言大词典》,江苏教育出版社2002年版。

刘美娟:《浙江地名疑难字研究》,中国社会科学出版社2012年版。

吴昌政、姚美玲:《说"簠"》,《中国文字研究》2020年第31辑。

王挺斌、赵平安:《试论近代汉字与古文字的关系》,《汉语史学报》2022年第27辑。

徐建:《皖西南赣语来母细音前今读塞音现象考察》,《安徽农业大学学报》(社会科学版)2019
年第3期。

杨士安:《说说"笡"字》,《浙江林业》2012年6期。

作者工作单位:安徽大学文学院/语言学与汉语史研究中心

江西都昌多宝方言的单字调*

——关于声调调域的思考

栗华益　周明润

摘　要　都昌多宝方言有十三个单字调。分析多宝方言单字调声学数据，在声母韵母一致的条件下，多宝方言靠着由基频、F_0 曲线、时长形成的不同调型区别了十三个单字调。分析多宝方言及其他 79 个汉语方言的调系调域及调类调域数据，汉语方言的调系调域和调类数不一定成正比，并不是调类数越多调系调域越宽。汉语方言中音高、声调曲拱、调长作为声调的三个主要特征，共同承担区分声调的功能，何种特征起最主要作用与调域类型有关。

关键词　赣语；都昌多宝；声调；调域

多宝乡位于江西都昌县西北部，靠近鄱阳湖入江口，北、西、南三面环湖，西与星子县隔湖相望，湖道最窄处仅 3 千米。本文调查的多宝村东陈组距离"中国百慕大"老爷庙很近，全村以陈氏为主。本文主要发音人陈济川，1949年 2 月 1 日生于江西省都昌县多宝乡东陈村，初中文化，农民，日常说东陈话，会说一点很不标准的普通话。笔者于 2013 年 5 月初到多宝调查，2015 年 8 月核对、补充材料。

一、多宝方言的单字调

《都昌县志·方言志》（1993）描写了多宝方言的单字调，见表 1，其记录的多宝方言声调有 10 个，浊平、清入和浊入有分调。

---

*　基金项目：本项研究被列入 2020 年度国家社科基金一般项目（20BYY054）。

表1 《都昌县志·方言志》多宝方言的声调

调类	阴平	阳平甲	阳平乙	上声	阴去	阳去	阴入甲	阴入乙	阳入甲	阳入乙
调值	33	13	34	242	25	314	55	13	11	33
例字	东通动倚洞地	铜河	蛇劳	董体懒米	冻布送细	社树命烂痛替	脚末	裂力脱哭	夺盒	滑食石麦肉

这与本文调查结果有所不同,如下:

全阴平　　　　[44]　　　东该灯风,蜂

次阴平　　　　[33]　　　通开天春,动罪近后,洞地住恨

全阳平　　　　[212]　　铜皮糖,鞋含狂

次阳平　　　　[24]　　　门龙牛油,浮船红

全阴上　　　　[354]　　懂古鬼九,苦抚犬,五有

次阴上　　　　[254]　　统讨草,买老暖

全阴去　　　　[435]　　冻怪半四,肺副

次阴去　　　　[324]　　痛快寸去,卖路硬乱,饭树,互犯

全阴入　　　　[45]　　　谷百搭节急

次阴入　　　　[213]　　哭拍塔切刻,瞎黑

次阳入甲　　　[35]　　　叶月热文物落木

次阳入乙　　　[33]　　　猎栗麦六热白

全阳入　　　　[22]　　　毒白盒罚

说明:(1)全阴平[44]有自由变体433。次阴平[33]的实际音高是32或311,统一为[33]。(2)全阴上[354]有自由变体35,次阴上[254]有自由变体25。(3)次阴入[213]有时读作312。全阳入[22]有下降趋势,实际音高接近21,记作[22]。

笔者调查了都昌县24个乡镇的方言,声调最多的是多宝方言,不过多宝周边的方言也多是12或11个声调,请看图1。

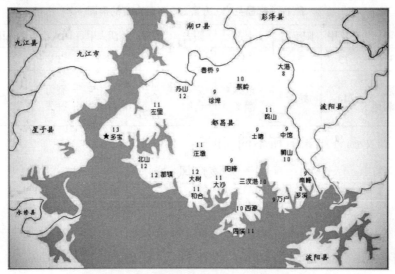

图 1　都昌 24 点方言的声调数

表 2 提供了多宝方言的基本演变情况。多宝方言在中古平上去入四声各自四分的基础上有若干合并演变，请看表 2，具体例字请看表 3。

表 2　多宝方言单字调调类表

	平声	上声		去声	入声	
全清	全阴平［44］	全阴上［354］		全阴去［435］	全阴入［45］	
次清	次阴平［33］	次阴上［254］		次阴去［324］	次阴入［213］	
次浊	次阳平［24］	全阴上［354］	次阴上［254］	次阴去［324］	次阳入乙［33］	次阳入甲［35］
全浊	全阳平［212］	次阴平［33］		次阴平［33］	全阳入［22］	

平声四分。平声根据全次清、全次浊分化为全阴平、次阴平、全阳平、次阳平。

上声四分。清上二分，根据全次不同分化为全阴上、次阴上；浊上二分，次浊上中非零声母音节归次阴上、零声母音节归全阴上，全浊上与全浊去合并后并入次阴平。

去声四分。清去二分、次清去与次浊去合并。清去根据全次不同分化为全阴去、次阴去，浊去二分，次浊去并入次阴去，全浊去今读次阴平。

入声在四分的基础上五分。入声根据全次清、全次浊分化为全阴入、次阴入、全阳入、次阳入。次阳入进一步分化。

清平、清上、清去、清入,都是次清与全清分调,本质上是气流分调。

浊平、浊上、浊去、浊入,都是次浊与全浊分调,分化条件是鼻边音与非鼻边音等。

表3　多宝方言声调例字

平	全清	全阴平[44]	包pau⁴⁴	鞭piɛn⁴⁴	堆ti⁴⁴	斋tsai⁴⁴	烟Øiɛn⁴⁴
	次清	次阴平[33]	抛pau³³	偏piɛn³³	推di³³	猜tsai³³	牵Øiɛn³³
	全浊	全阳平[212]	袍pau²¹²	便~宜piɛn²¹²	啼ti²¹²	财tsai²¹²	钳Øiɛn²¹²
	次浊	次阳平[24]	毛mau²⁴	棉miɛn²⁴	璃玻~ti²⁴	来lai²⁴	盐Øiɛn²⁴
上	全清	全阴上[354]	宝pau³⁵⁴	匾piɛn³⁵⁴	抵ti³⁵⁴	宰tsai³⁵⁴	掩Øiɛn³⁵⁴
	次清	次阴上[254]	跑pau²⁵⁴	—	腿di²⁵⁴	睬tsai²⁵⁴	遣Øiɛn²⁵⁴
	全浊	次阴平[33]	抱pau³³	辩piɛn³³	弟di³³	在tsai³³	件Øiɛn³³
	次浊	次阴上[254]	卯mau²⁵⁴	免miɛn²⁵⁴	吕ti²⁵⁴	奶nai²⁵⁴	染ŋiɛn²⁵⁴
去	全清	全阴去[435]	报pau⁴³⁵	变piɛn⁴³⁵	碓ti⁴³⁵	债tsai⁴³⁵	燕Øiɛn⁴³⁵
	次清	次阴去[324]	炮枪~pau³²⁴	骗欺~piɛn³²⁴	退ti³²⁴	蔡tsai³²⁴	欠Øiɛn³²⁴
	全浊	次阴平[33]	铇pau³³	便方~piɛn³³	地ti³³	寨tsai³³	健Øiɛn³³
	次浊	次阴去[324]	帽mau³²⁴	面miɛn³²⁴	类ti³²⁴	赖nai³²⁴	焰Øiɛn³²⁴
入	全清	全阴入[45]	百pak⁴⁵	鳖piet⁴⁵	跌tiet⁴⁵	劄用针~tsat⁴⁵	滴tik⁴⁵
	次清	次阴入[213]	拍pak²¹³	撇piet²¹³	贴tiet²¹³	插tsat²¹³	踢tik²¹³
	全浊	全阳入[22]	白pak²²	别piet²²	蝶tiet²²	铡~刀tsat²²	笛tiak²²
	次浊	次阳入乙[33]	麦mak³³	灭miet³³	热白niet³³	—	栗tiak³³
		次阳入甲[35]	陌~生mak³⁵	篾miet³⁵	劣tiet³⁵	辣lat³⁵	律tik³⁵

如果忽略调类合并,多宝方言在某种程度上是在中古四声基础上形成了16调。多宝方言中古平上去入四声的全清次清、全浊次浊分调,是在清浊分调的基础上进一步分化的呢?还是中古平上去入四声以"全清、次清、全浊、次浊"为条件直接分出来的呢?多宝周边的有12个或11个声调的都镇、北山、左里、苏山、大树、大沙、汪墩、和合等方言的声调演变类型与多宝都有相同或相似的情况,笔者将另文讨论都昌24个方言点的声调演变问题。

笔者田野调查时采用最小对立体比字确定调类。表3提供的例字,尽可能为每一个声调提供了最小对立体。下面对多宝方言13个单字调进行声学分析。

二、多宝方言单字调声学分析

用《方言调查字表》调查多宝方言后,用笔记本电脑加外置声卡和单指向话筒录音,采样率44100 Hz、单声道、采样精度16 bit,获得3595个单字音的4212个有效音档。[①]采用"主要元音及其过渡段"(林茂灿,1995)的标准确定声调负载段,用Praat软件切分标注、用脚本提取了4212个单字音的时长和基频(F_0)数据。附录表1提供了多宝13个声调的F_0均值、时长均值及其标准差;舒声调是10个基频采样点,促声调6个采样点。

为了行文方便,先说明几个概念的内涵。

刘俐李(2005)指出音高向不同音区(调域的分区)滑动变化构成了声调曲拱,调型是具有音区特征和曲拱特征的调素组合单位。下文在分析F_0曲线时也用到"曲拱"概念,这时的"曲拱"是根据声学数据做出的F_0曲线的"曲拱"。

调域,指声调负载段的最小基频和最大基频之间的跨度,分调类调域和调系调域。调系调域指一个语言或方言声调系统中基频最小值到最大值的跨度。调类调域指一个语言或方言某个具体调类的基频最小值到最大值的跨度。

1.F_0曲线

图2a是根据附录表1的F_0均值做出的单字调F_0曲线图。多宝方言13个声调的实际听感和比字都有明显差异,但F_0曲线图显示若干调类之间差异很小。除了全阴入和次阳入甲,其他声调基本都在调系调域的中下部,尤其是底部"拥挤"异常,有9个声调。为展示具体情况,用图2b、图2c、图2d分别提供13个声调的F_0曲线。

图2b,全阴平、次阴平都是低降拱,二者的起点和终点都在调域下部,全阴平的曲线整体高于次阴平。全阳平为低凹拱,其起点在平声中是最低的;次阳平为缓升的低升拱,整体处在调域下部。图2c,位于调域中部的全阴上和次阴上都为凸拱,次阴上的起点低于全阴上、终点略高于全阴上,二者的折点

---

① 有的单字音发音人多说了一遍,故而有效音档比实际单字音的数量多。

都位于F_0曲线的后三分之一处,但全阴上的折点比次阴上的折点较靠前。全阴去和次阴去都为凹拱,二者的起点接近,但全阴去的终点高于次阴去很多;次阴去整体位于全阴去下方,凹度也大于全阴去。次阴去的折点是调域的最低点。

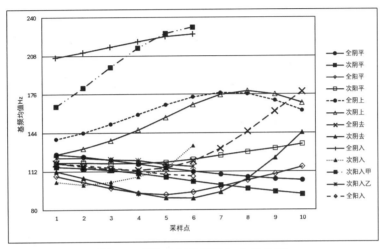

图 2a　多宝方言单字调 F_0 曲线总图

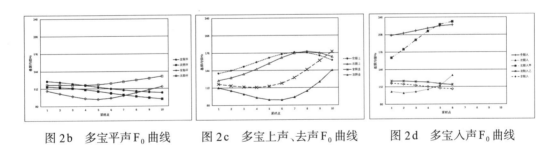

图 2b　多宝平声 F_0 曲线　　　　图 2c　多宝上声、去声 F_0 曲线　　　图 2d　多宝入声 F_0 曲线

　　图 2d,全阴入和次阳入甲位于调域上部,次阴入、次阳入乙和全阳入位于调域底部。全阴入和次阳入甲都为升拱,中升拱次阳入甲的起点位于调域中部,高升拱全阴入的调域起点位于调域上部。次阳入甲的起点远低于全阴入但终点略高于全阴入。低凹拱次阴入呈缓升势,调尾接近调域中部。次阳入乙和全阳入的起点接近,次阳入乙的终点略高于全阳入,两条 F_0 曲线几乎平行,呈微降势但幅度很小,是平拱。

　　本文采用T值公式(石锋,1986)对基频进行归一化处理。多宝方言单字调T值数据请看附录表 2。表 4 把T值归纳为实验五度值后对比笔者田野调

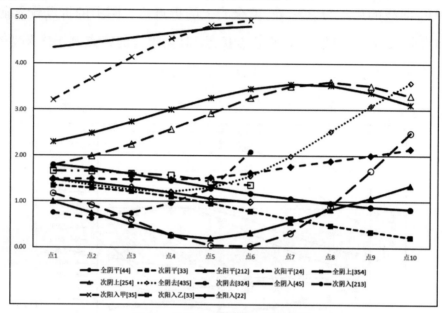

图 2e　多宝方言单字调 T 值曲线图

查记录的传统五度值，除了具体调值的差异，实验值与传统五度值最大的差异是：次阳入乙和全阳入是否是两个调类？表 3 里给出了次阳入乙和全阳入的比字，这里不再讨论。

表 4　多宝方言声调调值对比

调类	传统	实验	调类	传统	实验	调类	传统	实验
全阴平	［44］	［32］	全阴上	［354］	［343］	全阴入	［45］	［45］
次阴平	［33］	［21］	次阴上	［254］	［243］	次阴入	［213］	［213］
全阳平	［212］	［212］				次阳入甲	［35］	［35］
次阳平	［24］	［223］	全阴去	［435］	［324］	次阳入乙	［33］	［22］
			次阴去	［324］	［213］	全阳入	［22］	［22］

2．单字调时长

图 3 是根据多宝方言 13 个单字调时长均值做出的单字调绝对时长图。除了全阴平与次阴平的绝对时长很接近外，其他 11 个声调的绝对时长有明显差异。

将舒声调、促声调分别按照绝对时长由长到短排列，列出其 F_0 曲线类型，如下：

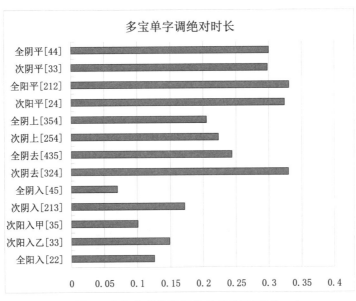

图 3　多宝方言单字调绝对时长图(单位:s)

舒声:全阳平>次阴去>次阳平>全阴平>次阴平>全阴去>次阴上>全阴上

低凹拱>低凹拱>低升拱>中降拱>低降拱>低凹拱>高凸拱>高凸拱

促声:次阴入>次阳入乙>全阳入>次阳入甲>全阴入

低凹拱>中平拱>低平拱>中升拱>高升拱

一般认为调长的基本规律是:曲折调最长,平调和升调次之,降调最短。(石少伟,2007)多宝方言舒声和促声调中最长的都是低凹拱,是典型的曲折调;舒声调中降调全阴平和次阴平的时长大于凹拱全阴去和凸拱次阴上、全阴上,与现有研究对曲折调和降调的时长判断不同。

3.单字调调域

声调格局中每个声调所占据的都是一条带状的声学空间,只要一条声调的曲线位于这个声学空间之中,符合这个声调的特征,就会跟其他声调有所区别。(石锋,1994)图2a中多宝方言13个声调里有9个声调"挤在"调域的底部,每个声调彼此之间的调域是何特点?

　　本文采用[基频均值±标准差]确定调类调域,即[基频均值+标准差]为调域上限、[基频均值−标准差]为调域下限。多宝方言十三个声调的调类调域上限和下限数据请看附录表3,图4分别画出了每个声调的调域上下限和基频均值。为突出显示相关调类的调域情况,每张调域图没有用一致的刻度。

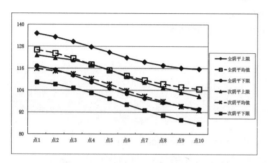

图4a　多宝单字调调域一

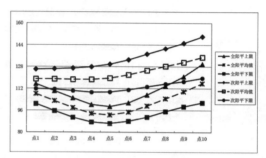

图4b　多宝单字调调域二

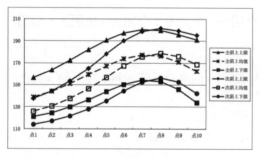

图4c　多宝单字调调域三

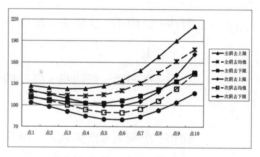

图4d　多宝单字调调域四

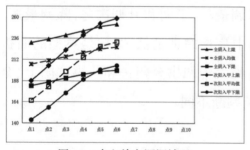

图4e　多宝单字调调域五

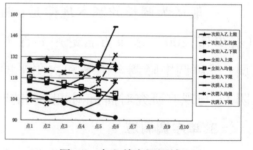

图4f　多宝单字调调域六

　　图4a,全阴平和次阴平的调域有很大部分的重合,全阴平的调域均值、调域下限分别与次阴平的调域上限、调域均值基本一致。图4b,全阳平和次阳平的声调曲拱不一样,全阳平是低凹拱。次阳平传统记音是[24],T值是

［223］，其调域上限是缓升，调域均值是先平后升，调域下限有点凹。全阳平的调域上限、调域均值的起点和终点，分别与次阳平的调域均值、调域下限的起点和终点相近。

图4c，次阴上调域上限的起点与全阴上调域均值的起点基本一致，其调域均值的起点与全阴上调域下限比较接近。次阴上的调域在后三分之一处超越全阴上，其调域上限、均值、下限的终点分别比全阴上的调域上限、均值、下限的终点高一点点。图4d，全阴去的调域均值和调域下限的起点和终点分别与次阴去的调域上限和调域均值的起点和终点基本一致。次阴去比全阴去要凹得明显一些，二者在曲拱的中间部分几乎没有交集。

图4e，次阳入甲调域上限的起点与全阴入调域下限的起点非常接近，其调域上限、均值、下限的起点均远低于全阴入调域上限、均值、下限的起点，但其调域上限的终点均略高于全阴入。图4f，全阳入的调域上限和调域均值基本上涵盖了次阳入乙的整个调类调域，其调域下限比次阳入乙的调域下限低很多。

上述调类调域分析说明，多宝方言十三个声调没有调类调域完全重合的情况。清平、清上、清去、清入因气流分调而形成的全阴平、次阴平、全阴上、次阴上、全阴去、次阴去等虽有部分调域重合，但仍存在调域差异，分调类是有基础的。

标准差反应数据的离散程度，标准差越大说明数据之间的差异越大，标准差越小说明数据的集中性越好。附录表1中调尾的标准差普遍大于调头，这说明调尾的数据差异较大，可能是由于发音人发音到结尾处状态不稳定导致的。位于调域顶部的声调标准差大于调域底部的声调，说明调域顶部的声调更不稳定，其调位内的自由变体可能更多。这可能是由于多宝方言中位于调域顶部的声调数较少，每个声调的可支配空间较大。根据石锋（2006）对北京话单字音的统计，同一个声调中数据越集中的点承载的调位信息越多，对于声调区分的作用越大；而数据比较分散的点承载的调位信息较少，对于声调区分的贡献较小。曲折调的调尾标准差更大，说明曲折调的调尾承载的信息较少,对于声调的区分作用较小。

三、讨论

林茂灿(1988)指出,F_0是普通话声调最本质成分,是辨认普通话声调的充分而又必要的征兆,仅靠F_0模式四声的正确辨认率可达94%,而F_0模式和相对时长所产生的普通话四声正确辨认率可能为97.6%。上述分析说明,在声母、韵母都一致的条件下,多宝方言靠着由基频、F_0曲线、时长形成的不同调型区别了多达13个的单字调。

Maddison(1978)提出14条声调共性,第二条是"A larger number of tone levels occupy a larger pitch range than a smaller number",可以理解为:调域和调类数成正比,调类数越多的声调系统其调域范围就越大。本文选取了公开发表的79个汉语方言声调基频数据,结合多宝方言的数据,探究调类数、调类调域和调系调域之间的关系。基频的高低与个人生理条件关系密切,但声调之间有着严整的相对音高关系,同一种语言或方言的声调调域是有共性的,并不是完全无法研究的异质材料。由于影响调域最明显的因素是性别,本文选用男性发音人的材料,有可比性。方言点及材料来源见附录表4,选点尽可能涵盖汉语十大方言。

1.调类数与调系调域

将"调系调域上限−下限"得到的差值作为调系调域,"调类调域上限−下限"得到的差值作为调类调域,求出80个方言点调系调域和调类调域的均值。80个汉语方言的调系调域的均值为142.89 Hz,中位数为136.5 Hz。本文以调类数为横坐标、调系调域差值为纵坐标得到图5。图5中调系调域大于均值的多为四、五、六个声调方言,而很多七八个声调的方言其调域甚至没有超过均值;调域最宽的是仅有四个声调的武汉方言,调域最窄的是有六个声调的高安赣语(但本文对数据表示怀疑),而有十三个调类的多宝方言其调域为179.009 Hz,比仅有三个声调的银川方言略窄。从本文获得的数据看,汉语方言调域和调类数之间有着更加复杂的关系。

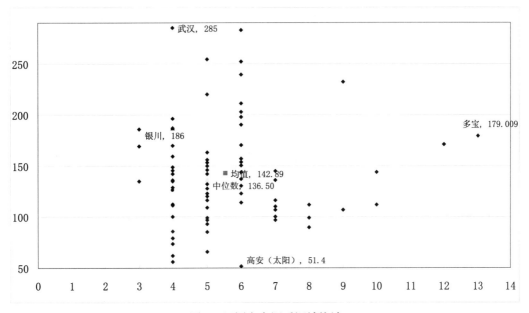

图 5　汉语方言调系调域统计

　　将 80 个方言点的具体数值与均值进行比较,大于均值的记"＋",小于均值的记"－",最终得到每个方言点调系调域和调类调域之间的关系类型(具体关系类型表见附录表 4),将其汇总后得到表 5。表 5 中类型行里第一个"－"或"＋"代表调系调域,第二个"－"或"＋"代表调类调域。

表 5　汉语方言调系调域与调类调域关系类型统计表

类型	"－－"型	"－＋"型	"＋＋"型	"＋－"型
数量	34	9	27	10
占比	42.5%	11.25%	33.75%	12.5%

　　表 5 中"－－"和"－＋"型要略多于"＋＋"和"＋－"型,说明 80 个汉语方言的调系调域总体偏低,这可能与男性发音人有关。表 5 中数量最多的为"－－"型,其次是"＋＋"型,两种类型加起来占比 76.25%。这两种类型的共同点是:调系调域和调类调域变化趋同,"－－"型调系调域和调类调域均小于均值,"＋＋"型调系调域和调类调域均大于均值,即调类调域和调系调域基本是呈正相关。

2.汉语方言调系调域与调类调域的关系

基频、F_0 曲线、绝对时长作为声调的三个主要声学特征,对应的是音高、声调曲拱、调长三个声调的语言学特征,共同承担区分声调的功能。下面结合汉语方言调系调域与调类调域的关系分析这三个语言学特征在区别声调中的作用。

(1)"——"型和"＋＋"型

这两种类型声调的调系调域和调类调域,前者的都小于均值,后者的都大于均值。

汉语方言中声调曲拱类型在区别声调中起着很重要的作用,但一种方言中的曲拱类型数量是有限的。表6统计了"——"和"＋＋"两种类型中61个方言点的曲拱类型数,大部分方言的曲拱类型为三个或四个。当一种方言中声调数远大于曲拱类型数时,曲拱类型不足以区别全部声调时,音高和调长的作用就会凸现出来,而音高的区别作用又略大于调长,调长主要是应用于区别促声和舒声。

表6 "——"和"＋＋"类型方言的曲拱类型数统计

曲拱类型数	1	2	3	4	5
方言点数	1	7	32	18	3

图6是属于"——"型的枞阳方言单字调调域,其阴平为降拱、阳平为凹拱、上声为角拱、去声为中平拱,入声为高平拱,共有4个不同的曲拱类型。只有去声和入声都为平拱,二者曲拱相同、调域相近,入声调长也没有明显短于去声,主要依靠入声的音高略高于去声来区分。曲拱类型足够区分不同声调时,音高和调长就不再是主要区别特征。

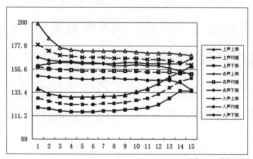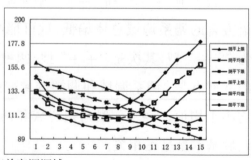

图6 枞阳方言单字调调域

多宝方言属于"＋＋"型,有13个声调,有平拱、降拱、升拱、凹拱和凸拱五种曲拱类型。全阴平和次阴平都是降拱,全阴平调域略高于次阴平,二者主要依靠音高不同区别;全阳平和次阳平都位于调域底部,调域接近,但前者是低凹拱,后者是低升拱,主要靠曲拱类型不同区别。全阴上和次阴上同为高凸拱,主要靠曲拱折点位置不同来区分。全阴去和次阴去和全阳平都是低凹拱,全阴去的调域在次阴去和全阳平之上,主要靠音高与次阴去和全阳平区分;次阴去的调域虽然几乎完全覆盖全阳平,但其终点高于全阳平,二者主要靠终点音高不同来区分。次阴入主要靠调长区别于其他低凹拱。全阴入、次阳入甲两个升拱都位于调域上部,二者斜率不同,易区分。全阳入和次阳入乙作为低降拱,对内,二者之间主要靠音高区分,全阳入的调域要远大于次阳入乙;对外,与同为低降拱的全阴平、次阴平靠调长区分。可见,曲拱类型、音高和调长在多宝方言声调区分中起着复杂而多样的作用。

（2）"－＋"型

"－＋"型是指调系调域小于均值而调类调域大于均值的声调系统。这种类型方言不同的调类调域会有重合部分,声调音高特征的区别作用就会减弱,而其他特征的作用会增强。

图7是属于"－＋"类的平遥方言5个单字调的调域图。图7a中,平声调域下限的起点与阴入调域均值的起点接近,平声调域下限的终点与阴入调域均值的终点重合,平声和阴入的调类调域大部分重合。图7b中,阳入调域均值的起点与上声调域均值的起点重合,阳入调域的后半段与上声调域基本

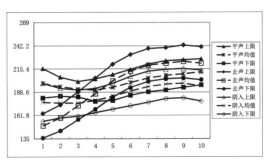

图7a 平遥方言单字调调域一

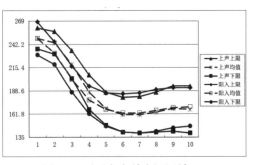

图7b 平遥方言单字调调域二

重合。平声和阴入、上声和阳入在调域有很大部分重合的情况下,如果仅靠音高容易混淆,但是入声调长明显短,平声和阴入分别是[34]和[23],上声和阳入分别是[512]和[512],调长起到了重要的区别作用。

图8是泰州方言6个单字调的调域图。图8a中,阴平和上声的调域前半部分几乎完全重合,但阴平是降拱、上声是升拱,二者主要依靠调域后半段的曲拱不同来区别调类。图8b中,阳平和阴入的音高相同,调域几乎完全重合,但阳平是升拱、阴入是降拱,二者可以通过曲拱区分。图8c中,上声和阳入基本上在不同的调域,曲拱也不同。

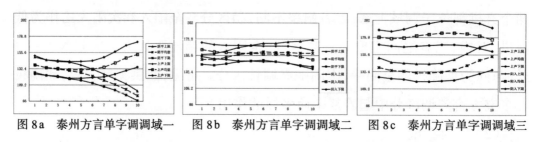

图8a　泰州方言单字调调域一　　图8b　泰州方言单字调调域二　　图8c　泰州方言单字调调域三

"－＋"型的声调除了音高起区别作用外,曲拱、调长所起的作用也比较大。这种类型声调如果音高以外的区别特征逐渐消失,就可能面临着声调合并。如平遥方言,如果其入声继续舒化、逐渐变长且不产生其他区别特征,阴入和阳入就会逐渐合并到平声和上声。

（3）"＋－"型

"＋－"是指调系调域大于均值而调类调域小于均值的声调。此类型方言的调类调域基本没有重合,音高在区别声调时发挥了较大的作用。

南京方言有5个声调。图9a中,阴平曲拱为先平后降,阳平曲拱为先升后平,二者的调域都比较窄,曲拱不同,区分度也很明显。图9b中,上声和去声都是平拱,调长上也没有明显差距,如果调类调域宽就很难区分,但上声和去声分别处于调域底部和中部,调类调域都比较窄,几乎没有重合的地方,靠音高就能区别彼此。入声独自位于调域上部,调长较短,和其他调类区分明显,其调域也比其他调类略宽。

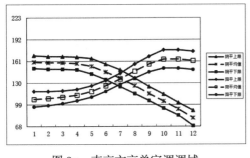

图9a　南京方言单字调调域一

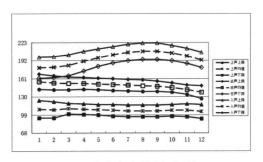

图9b　南京方言单字调调域二

图10是广州方言10个单字调的调域图。图10a有三个平调和一个低降调,其调类调域基本上没有交叉,阳平、阳去位于调系调域下部,阴去位于调系调域中部,阴平乙位于调系调域顶部。同样位于调系调域底部的阳平和阳去曲拱不同,阳平为低降拱,阳去为平拱,这两个声调的调类调域最窄,彼此区别明显。位于调系调域中部和顶部的阴去和阴平乙相对来讲调类调域略宽。图10b中,阴平甲是一个高降拱,阴上和阳上都是低升拱,但起点和终点都有较大差距,可以区别开。图10c中,三个入声都是平拱,但入声调长明显短于舒声调,可通过调长和图10a中的平调相区别。这三个入声也是分别占据调系调域的上、中、下部,相互之间没有重合,单靠音高就可以相互区分。

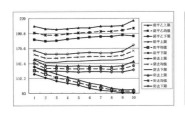
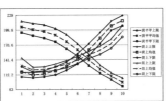
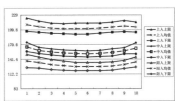

图10a　广州方言单字调调域一　　图10b　广州方言单字调调域二　　图10c　广州方言单字调调域三

结语

我们通过分析80个汉语方言点的调域情况,得出如下结论:

1.汉语方言的调系调域和调类数不一定成正比,并不是调类数越多,调系调域越宽。汉语方言调域和调类数之间有着更加复杂的关系。

2.汉语方言中,约有76.25%的方言调类调域与调系调域成正比,其中

42.5%的方言调类调域和调系调域小于均值,33.75%的方言调类调域和调系调域都大于均值;另外23.75%的方言调类调域与调系调域不成正比。

3.汉语方言中音高、声调曲拱、调长作为声调的三个主要特征,互相配合、互相补充,共同承担区分声调的功能。至于哪一种特征起最主要作用,与调域类型有关。调类调域宽、调系调域窄时,音高的区别作用小,其他区别特征的作用大;调类调域窄、调系调域宽时,音高的区别作用大。

参考文献

Maddison Ian: *Universals of Tone, Universals of Human Language, Vol. 2*, Stanford University Press (1978).

都昌县志编修委员会编纂:《都昌县志》,新华出版社1993年版。

栗华益:《绩溪华阳话声调实验研究》,南京师范大学2008年硕士学位论文。

林茂灿:《普通话声调的声学特征和知觉征兆》,《中国语文》1988年第3期。

林茂灿:《北京话声调分布区的知觉研究》,《声学学报》1995年第6期。

刘俐李:《汉语声调的曲拱特征和降势音高》,《中国语文》2005年第3期。

刘俐李等:《江淮方言声调实验研究和折度分析》,巴蜀书社2007年版。

石锋:《天津方言双字组声调分析》,《语言研究》1986年第1期。

石锋、廖荣蓉:《语音丛稿》,北京语言学院出版社1994年版。

石锋、王萍:《北京话单字音声调的统计分析》,《中国语文》2006年第1期。

石少伟:《〈现代汉语方言音库〉单字调实验研究》,南京师范大学2007年硕士学位论文。

游汝杰、杨剑桥主编:《吴语声调的实验研究》,复旦大学出版社2001年版。

附录表1　多宝方言单字调基频均值与标准差

单位:Hz

		时长	点1	点2	点3	点4	点5	点6	点7	点8	点9	点10
全阴平 n=642	m	0.3	126.2	124.2	121.4	118.1	114.9	111.9	109.5	107.4	105.7	104.7
	s	0.065	8.857	8.989	9.289	9.691	9.823	9.792	9.858	10.05	10.4	10.88
次阴平 n=427	m	0.298	115.8	114.5	112.9	110.4	107.3	103.8	100.7	97.85	95.28	93.08
	s	0.071	7.344	7.212	7.645	7.805	7.788	7.634	7.586	7.562	7.589	7.622
全阳平 n=361	m	0.331	108.2	103	98.01	93.89	92.64	94.8	99.27	104.6	109.8	115.8
	s	0.068	7.287	7.246	7.126	6.435	6.195	6.835	8.133	9.31	11.02	14.09
次阳平 n=477	m	0.324	119	119	118.6	118.6	119.6	122	125.3	128.3	131.3	134.9
	s	0.067	7.096	7.453	8.233	9.219	10.12	10.96	11.9	12.91	14.03	15.24

（续表）

		时长	点1	点2	点3	点4	点5	点6	点7	点8	点9	点10
全阴上 n=378	m	0.205	138.9	144.1	151.2	159.3	167.3	173.8	177.3	176.4	171	162.6
	s	0.053	17.76	19.49	21.23	22.82	23.48	23.53	22.97	23.17	24.89	28.5
次阴上 n=232	m	0.223	125.9	130.8	137.6	146.5	156.8	167.4	175.6	178.9	176	168.8
	s	0.056	11.82	13.46	15.92	18.57	21.47	22.84	23.04	22.63	23.18	26.36
全阴去 n=421	m	0.244	118.9	115.9	113.6	112.8	114.7	120.4	130.8	145.3	161.9	178.3
	s	0.048	8.022	8.118	8.921	10.17	11.79	14.12	17.79	23.06	28.36	32.33
次阴去 n=496	m	0.33	111.9	106.5	100.2	93.9	89.95	89.67	94.69	106	123.2	144.4
	s	0.066	8.134	8.564	9.022	9.256	9.367	9.859	10.71	13	19.16	27.19
全阴入 n=282	m	0.07	206.8	210.8	215.3	219.9	224.1	226.1	—	—	—	—
	s	0.016	24.32	24.16	24.23	24.59	25.44	26.17	—	—	—	—
次阴入 n=169	m	0.172	103.2	100.7	103	107.4	114.3	133.4	—	—	—	—
	s	0.053	7.07	7.09	8.871	10.37	12.36	18.56	—	—	—	—
次阳入甲 n=167	m	0.101	165.9	181.4	198.6	214.6	226.8	232	—	—	—	—
	s	0.02	22.13	23.54	24.12	24.88	26.16	26.82	—	—	—	—
次阳入乙 n=15	m	0.149	123	122.9	121.7	120.9	117.7	116	—	—	—	—
	s	0.071	6.917	8.094	9.007	9.451	10.43	11.08	—	—	—	—
全阳入 n=145	m	0.126	118.6	117	114.9	112.3	109.4	108	—	—	—	—
	s	0.045	11.79	12.54	13.52	14.69	15.54	15.91	—	—	—	—

说明：表中"m"指均值；"s"指标准差；"n"指样本量。

附录表2　多宝方言单字调T值表

	点1	点2	点3	点4	点5	点6	点7	点8	点9	点10
全阴平［44］	1.80	1.72	1.60	1.46	1.31	1.18	1.06	0.96	0.88	0.83
次阴平［33］	1.35	1.30	1.22	1.11	0.96	0.79	0.63	0.48	0.35	0.22
全阳平［212］	1.00	0.75	0.49	0.27	0.20	0.32	0.56	0.83	1.08	1.35
次阳平［24］	1.49	1.49	1.48	1.48	1.52	1.62	1.76	1.88	2.00	2.14
全阴上［354］	2.29	2.48	2.73	3.00	3.26	3.45	3.56	3.53	3.37	3.11
次阴上［254］	1.79	1.98	2.25	2.57	2.92	3.26	3.51	3.60	3.52	3.30
全阴去［435］	1.49	1.36	1.25	1.22	1.30	1.56	1.98	2.53	3.09	3.59
次阴去［324］	1.18	0.92	0.61	0.27	0.05	0.03	0.31	0.90	1.67	2.49

（续表）

	点1	点2	点3	点4	点5	点6	点7	点8	点9	点10
全阴入［45］	4.35	4.45	4.56	4.67	4.77	4.81		—		
次阴入［213］	0.76	0.63	0.75	0.96	1.29	2.09		—		
次阳入甲［35］	3.21	3.67	4.14	4.54	4.83	4.95		—		
次阳入乙［33］	1.67	1.66	1.61	1.58	1.44	1.36		—		
全阳入［22］	1.48	1.41	1.31	1.19	1.06	0.99		—		

附录表3　多宝方言单字调调类调域数据

单位：Hz

		点1	点2	点3	点4	点5	点6	点7	点8	点9	点10
全阴平［44］	上限	135.06	133.2	130.7	127.8	124.7	121.7	119.4	117.5	116.1	115.6
	均值	126.2	124.2	121.4	118.1	114.9	111.9	109.5	107.4	105.7	104.7
	下限	117.34	115.2	112.1	108.4	105.1	102.1	99.64	97.35	95.3	93.82
次阴平［33］	上限	123.14	121.7	120.5	118.2	115.1	111.4	108.3	105.4	102.9	100.7
	均值	115.8	114.5	112.9	110.4	107.3	103.8	100.7	97.85	95.28	93.08
	下限	108.46	107.3	105.3	102.6	99.51	96.17	93.11	90.29	87.69	85.46
全阳平［212］	上限	115.49	110.2	105.1	100.3	98.84	101.6	107.4	113.9	120.8	129.9
	均值	108.2	103	98.01	93.89	92.64	94.8	99.27	104.6	109.8	115.8
	下限	100.91	95.75	90.88	87.46	86.45	87.97	91.14	95.29	98.78	101.7
次阳平［24］	上限	126.1	126.5	126.8	127.8	129.7	133	137.2	141.2	145.3	150.1
	均值	119	119	118.6	118.6	119.6	122	125.3	128.3	131.3	134.9
	下限	111.9	111.5	110.4	109.4	109.5	111	113.4	115.4	117.3	119.7
全阴上［354］	上限	156.66	163.6	172.4	182.1	190.8	197.3	200.3	199.6	195.9	191.1
	均值	138.9	144.1	151.2	159.3	167.3	173.8	177.3	176.4	171	162.6
	下限	121.14	124.6	130	136.5	143.8	150.3	154.3	153.2	146.1	134.1
次阴上［254］	上限	137.72	144.3	153.5	165.1	178.3	190.2	198.6	201.5	199.2	195.2
	均值	125.9	130.8	137.6	146.5	156.8	167.4	175.3	178.9	176	168.8
	下限	114.08	117.3	121.7	127.9	135.3	144.6	152.6	156.3	152.8	142.4

（续表）

		点1	点2	点3	点4	点5	点6	点7	点8	点9	点10
全阴去［435］	上限	126.92	124	122.5	123	126.5	134.5	148.6	168.4	190.3	210.6
	均值	118.9	115.9	113.6	112.8	114.7	120.4	130.8	145.3	161.9	178.3
	下限	110.88	107.8	104.7	102.6	102.9	106.3	113	122.2	133.5	146
次阴去［324］	上限	120.03	115.1	109.2	103.2	99.32	99.53	105.4	119	142.4	171.6
	均值	111.9	106.5	100.2	93.9	89.95	89.67	94.69	106	123.2	144.4
	下限	103.77	97.94	91.18	84.64	80.58	79.81	83.98	93	104	117.2
全阴入［45］	上限	231.12	235	239.5	244.5	249.5	252.3	—			
	均值	206.8	210.8	215.3	219.9	224.1	226.1	—			
	下限	182.48	186.6	191.1	195.3	198.7	199.9	—			
次阴入［213］	上限	110.27	107.8	111.9	117.8	126.7	152	—			
	均值	103.2	100.7	103	107.4	114.3	133.4	—			
	下限	96.13	93.61	94.13	97.03	101.9	114.8	—			
次阳入甲［35］	上限	188.03	204.9	222.7	239.5	253	258.8	—			
	均值	165.9	181.4	198.6	214.6	226.8	232	—			
	下限	143.77	157.9	174.5	189.7	200.6	205.2	—			
次阳入乙［33］	上限	129.92	131	130.7	130.4	128.1	127.1	—			
	均值	123	122.9	121.7	120.9	117.7	116	—			
	下限	116.08	114.8	112.7	111.4	107.3	104.9	—			
全阳入［22］	上限	130.39	129.5	128.4	127	124.9	123.9	—			
	均值	118.6	117	114.9	112.3	109.4	108	—			
	下限	106.81	104.5	101.4	97.61	93.86	92.09	—			

附录表 4　声调调域类型及材料来源

方言系属	方言点	调系调域	调类调域	材料来源	方言系属	方言点	调系调域	调类调域	材料来源	方言系属	方言点	调系调域	调类调域	材料来源
东北官话	哈尔滨	+	+	石少伟2007	江淮官话	连云港	+	+	刘俐李等2007	吴语	泾县	+	−	杨佳懿等2020
北京官话	北京	−	−			盐城	−	+			常州	−	−	钱晶2007
冀鲁官话	济南	+	+	邸然2018		扬州	−	+			杭州	−	+	游汝杰等2001
	保定	+	+			东台	+	+			金华	−	−	
胶辽官话	青岛	−	−	尹梅2008		淮阴	−	−			临海	−	+	
中原官话	洛阳	+	+	昌雅洁2018		芜湖	−	−			义乌	−	−	
	宿迁	−	−	赵岩2014		合肥	+	+			吴江	+	−	
	清丰	−	−	魏汉杰2016		如皋	+	+			青阳	−	−	
	郑州	−	+	石少伟2007		泰州	−	+			衢州	−	−	
	西安	+	−			安庆	+	+			绍兴	−	−	
兰银官话	兰州	+	+			孝感	+	+			温州	+	+	石少伟2007
	银川	+	+			九江	+	+			上海	+	+	
	乌鲁木齐	+	−			姜堰	−	−	丁琳2005	徽语	屯溪	+	−	
	永登	−	−	车瑞2014		南京	+	−	宋益丹2006		歙县	+	+	
西南官话	开远	−	−	邓婕2019		巢湖	+	+	邢五洲2008		绩溪	−	−	栗华益2008
	黔西	−	−	杨鑫等2019		新浦	−	−	王萍2018	湘语	长沙	+	+	石少伟2007
	遵义	−	−	明茂修2009		枞阳	−	−	阮曦2014		安化	+	−	何好娜2010
	都匀	−	−	明茂修2018		泗洪	+	−	赵岩2014	赣语	多宝	+	+	栗华益调查
	威宁	−	−	明茂修2011		泗阳	−	−			宿松	+	+	陈婷婷2019
	兴义	−	−	明茂修2015		沭阳	−	−			南昌	+	+	储倩文2018

（续表）

方言系属	方言点	调系调域	调类调域	材料来源	方言系属	方言点	调系调域	调类调域	材料来源	方言系属	方言点	调系调域	调类调域	材料来源
西南官话	宜都	−	+	杨江桥 2016	晋语	平遥	−	+	石少伟 2007	赣语	高安	−	−	聂有才 2013
	宜宾	−	−	唐七元等 2014		太原	+	+		客家	桃园	−	−	石少伟 2007
	贵阳	−	−	石少伟 2007		呼和浩特	+	+		闽语	海口	−	−	
	成都	+	+			磁县	+	+	王会 2016		厦门	−	−	
	武汉	+	+			平山	−	−	王丽莎 2014	粤语	广州	+	−	
	昆明	+	+			沙河	−	−	张琳 2016		北海	−	+	孙祥愉 2010
											南宁	−	−	罗婷 2015
											龙圩	+	+	黄思杨 2015

作者工作单位：栗华益　安徽大学文学院/语言学与汉语史研究中心
安徽语言资源保护与研究实验室
周明润　山东大学文学院

试析江淮官话入声性质及其演变*

唐志强

摘 要 本文从调时和发声两个层面探讨江淮官话入声的性质。调时层面：入声音高未与舒声调形成对立，时长为主要区别特征；入声长化后，与舒声调类的对立以音高（音区与曲拱）为主。发声层面：江淮官话入声与舒声未表现出发声类型的对立，但入声以正常嗓音为主，间有高音调嗓音和紧嗓音。其次，江淮官话入声演变在韵尾调音、声调调时和发声等层面均有体现。

关键词 江淮官话入声；调时；发声；性质；演变

江淮官话作为官话方言的一种，其最突出的特征便是保留入声。自 1500 年前梁朝沈约等人发现"四声"以来，对于入声的讨论，历代前贤便笔耕不辍，其中对于入声的性质以及入声在共时层面的分化和历时层面的演变的探讨笔墨最浓。本文基于江淮官话，从声学、生理、感知三个维度探讨入声，基于 3 种实验的结果着重探讨江淮官话入声性质及其演变，试图揭示入声的本质。

一、说明

本文选取扬州、南京、盐城、合肥、芜湖、东台、大丰、泰州、安庆、九江、黄冈等涵盖江淮官话 3 片的 11 个方言代表点。每个方言点共选取 4 位发音人，共计 44 位发音人。老青两代各分男女，文中分别称为老男、老女、青男、青女。本文实验采录的语料共有三部分，分别为单字调、双字调以及入声常用字。11 方言点单字调样本总量为 2880 个，双字调样本总量为 7680 个，常用入声字样本总量为 800 个。限于篇幅，三部分语料的采录底本未列出。

本文对 11 方言代表点入声共做了 3 种实验研究，分别为声学实验、生理实验和

① 基金项目：本文受国家社科基金青年项目"基于参数库的宣州吴语语音变研究"（19CYY011）和安徽省优秀青年科研项目（社科）"安徽汉语方言语音参数三元实验研究"（2022AH030006）等资助。

感知实验,考虑到论文的工作量以及研究深度,11方言点所做实验侧重有所不同。其中对11方言代表点入声变异做了声学的普查研究,研究内容包含入声单字调及双字调。为了更好说明本文所要探讨的内容,入声性质的探讨主要依据入声单字调的实验结果。扬州、南京、东台、芜湖、安庆5方言点入声,除声学的普查研究外,还采录此5方言点入声EGG信号,重点研究其入声单、双字调的使用发声类型差异,并探讨有无喉塞尾入声其喉头垂直运动值幅度大小的不同。为进一步确定对入声感知贡献度不同的各因素,以扬州方言入声为例,进行了感知(听辨)实验。笔者未列出感知实验的详细过程及听辨结果的分析,为行文方便,本文只引用相关结论。

声学实验采录语音信号,生理实验同步采集语音信号和喉头信号(EGG信号),录音软件为Adobe Audition 3.0,采样频率为44100 Hz。声学实验和生理实验共44位发音人,感知实验24位听辨人,本文分析并采用了68人的数据。数据提取和分析在Praat、Matlab以及Kay公司提供的喉头仪配套分析软件Real-Time EGG Analysis中进行。

二、江淮官话入声性质

关于入声的性质,学界一直有两种对立的观点:一种认为入声是调类;一种认为入声为韵类。入声同时具备"短促"和塞音韵尾两个特征,其中短促属于声调属性,塞音韵尾属于韵母结构属性,

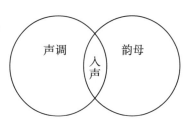

故此其属性定位才有不同的观点。首先分析入声的两个属性。如图所示,入声是声调和韵母两个不同层级的交叉。声调是超音段层,贯穿整个音节。而韵母是音质层,是音节的元辅音结构。入声兼跨超音段和音段两个层面。其次传统音韵学的入声包括两个内涵:一是入声调,一是入声韵。就音节而言,入声调与入声韵是同指关系。在汉语音节的声韵调关系中,入声韵唯一对应入声调;而阴声韵和阳声韵却对应平上去三类调。入声的韵调叠加属性加上音韵学中入声的双重内涵,使其性质的讨论有多种视角。然作为声调的入声之所以与其他调类有别而独为一个声调调位,是因为它以声调的固有属性来区别意义。那么,

入声韵对入声的贡献如何？本文感知实验的结论是，入声韵的标记成分喉塞尾不是入声感知的必备因素，时长是入声感知的重要因征。由此引起笔者对入声性质的思考。

确定入声性质要参照声调的定义。声调的定义取决于对声调的认识，学术界对声调的认识是逐步推进的。"赵元任、刘复等先生从生理、物理、乐理等方面研究出声调的声学本质是音高变化，即声调的高低是声带振动频率变化的结果。"（刘俐李，2003：19）刘复先生（1951）认为声调是"音高关于时间的函数关系"。也就是说，音高和时长是构成声调的两个必备因素。随着研究的进一步深入，声调有了新的认识。孔江平（2001）认为声调属于发声和调音框架中的"发声"，可分解成"调时"和"调声"两个层面，并将声调定义为"是由调时发声和调声发声共同作用产生的能区别意义的语音现象"。（孔江平，2001：290）调时发声对应声学上的基频与时长，调声发声对应嗓音发声类型。张锐锋、孔江平（2014）已经印证了发声类型对声调感知的补偿作用，即感知声调，除音高和时长因素外，还包括发声类型。本文认同此说。声调的构成涉及调时与调声两个层面，包含音高、时长与发声三因素。音高是以基频为声学基础的心理概念。换言之，音高、时长与发声类型可确定声调的性质。本节合称音高、时长为调时，发声类型简称发声。

基于以上认识，江淮官话入声的性质应从调时和发声两个层面进行探讨。因入声进入双字组后，其调时和发声均有所变化，因此下文以单字调为例阐述江淮官话入声性质。

（一）调时层面的江淮官话入声。首先看入声调值（音高）与相对时长。各方言以老男为代表列出单字调系统，见表1：

表1　江淮官话单字调系统

洪巢片	阴平		阳平		上声		去声		入声			
	调值	时长	调值	时长	调值	时长	调值	时长	调值	时长		
扬州	41	0.93	24	1.33	32	1.21	55	1.00	5	0.53		
南京	42	0.88	13	1.23	22	1.21	44	1.00	5	0.68		
盐城	41	0.92	213	1.21	33	1.16	35	0.87	4	0.84		

（续表）

洪巢片	阴平		阳平		上声		去声		入声			
	调值	时长	调值	时长	调值	时长	调值	时长	调值	时长		
芜湖	41	0.88	24	1.19	213	1.53	51	0.97	5	0.43		
合肥	212	1.44	55	0.80	13	1.34	51	0.78	4	0.64		
泰如片	阴平		阳平		上声		去声		阴入		阳入	
	调值	时长	调值	时长	调值	时长	调值	时长	调值	时长	调值	时长
大丰	31	1.18	35	1.06	34	1.49	54	1.02	54	0.61	45	0.64
东台	41	0.96	45	1.6	323	1.74	53	0.82	43	0.63	45	0.60
泰州	31	0.91	55	1.00	224	1.48	54	1.11	4	0.79	5	0.70
黄孝片	阴平		阳平		上声		去声		入声			
	调值	时长	调值	时长	调值	时长	调值	时长	调值	时长		
九江	31	1.10	44	0.96	35	1.02	313	1.11	52	0.88		
安庆	31	1.06	35	0.98	324	1.19	52	0.93	55	0.84		
黄冈	阴平		阳平		上声		阴去		阳去		入声	
	调值	时长	调值	时长	调值	时长	调值	时长	调值	时长	调值	时长
	33	1.15	31	1.02	443	0.86	25	0.83	34	1.06	223	1.09

江淮官话单字调相对时长 0.815[①]为入声长化临界参考值，以表 1 各地入声时长比对该数值，只有盐城、九江、安庆、黄冈四处长化，其余入声均未长化。首先分析未长化入声与舒声之间的区别特征。（1）舒声与入声调型相近，时长为主要区别特征。有此类对应的舒声与入声均如此。如扬州去声调值为 55，而入声调值为 5，此时音高（曲拱与音区）相同，无区别。于是以时长相区别：去声为 1.00，入声为 0.53。时长为去声与入声的主要区别特征。表中南京、合肥、大丰、东台、泰州等莫不如此。（2）舒声与入声调型不一，仍以时长为主要区别特征。如芜湖方言没有与入声 5 对应的平调，似音高与时长均为区别特征。但入声时长 0.43，与四个舒声的 0.88、1.19、1.53 和 0.97 显然不是同一当量级数值。时长对比的显著差异大于音高差异，使时长成为入声与舒声的第一区别特征。其次分析长化入声。已长化入声与舒声调相同，则以音高（曲拱与音区）形成对立。如盐城方言入声调值为 4，上声调值 33，入声与上声则以音区不同为主要区别特征。

---

① 引自唐志强《江淮官话入声声学-生理-感知实验研究》相关结论："对于江淮官话单字调而言，相对时长 0.815 可作为判断入声长化的参考值。"（2017：119）

（二）从发声层面看,入声单字调共使用了 3 种类型,分别为正常嗓音、紧嗓音和高音调嗓音,其中正常嗓音使用的次数最多。江淮官话入声单字调发声类型见表 2:

表 2　江淮官话入声单字调发声类型汇总表

方言片	方言点	发音人	发声类型	
洪巢片	扬州	老男	正常嗓音、紧嗓音	
		老女	正常嗓音	
		青男	正常嗓音	
		青女	正常嗓音	
	南京	老男	正常嗓音	
		老女	高音调嗓音	
		青男	正常嗓音	
		青女	正常嗓音、紧嗓音	
	芜湖	老男	紧嗓音	
		老女	正常嗓音	
		青男	正常嗓音	
		青女	正常嗓音	
黄孝片	安庆	老男	正常嗓音	
		老女	正常嗓音	
		青男	正常嗓音	
		青女	正常嗓音	
泰如片	东台	老男	阴入:正常嗓音	阳入:正常嗓音
		老女	阴入:正常嗓音	阳入:正常嗓音
		青男	阴入:正常嗓音、紧嗓音	阳入:正常嗓音
		青女	阴入:正常嗓音	阳入:正常嗓音

现将上表每类嗓音发声类型频次统计如下:

正常嗓音	紧嗓音	高音调嗓音
22	4	1

正常嗓音使用的次数最多,达 22 次;紧嗓音和高音调嗓音使用的次数较少,分别为 4 次和 1 次。由此可见,江淮官话入声主要使用正常嗓音。扬州老男、芜湖老男、南京青女、东台青男(阴入)入声使用了紧嗓音;南京老女使用了高音调嗓音。在发声层面,江淮官话入声以正常嗓音为主。

以上研究表明,音高、时长与发声类型都参与了声调结构,但贡献度不同。

在调时层面,时长与音高是声调形成对立的区别性特征;舒声之间以音高(曲拱与音区)形成对立(故已有研究忽略时长),而入声(未长化)则主要以时长与舒声形成对立。已长化入声与其他舒声调相同,即以音高(曲拱与音区)形成对立。由此可见,在声调的调时层面,普遍应用的第一区别特征是音高,第二区别特征是时长。在发声层面,本文资料未显示出发声类型构成声调对立,但发声类型在有的方言里会成为区别性特征,如河南禹州方言的阳平和去声(张锐锋、孔江平,2014:206—214),但所见不多。因此,初步判断,发声类型应是声调对立的第三区别特征。

基于上述认识来分析江淮官话入声的性质。调时层面:入声音高与舒声调未形成对立时,时长为主要区别特征;入声长化后,与舒声调类的对立以音高(音区与曲拱)为主。发声层面:江淮官话入声与舒声调类未表现出发声类型的对立,入声以正常嗓音为主,间有紧嗓音和高音调嗓音。江淮官话典型入声的第一区别特征是时长,长化入声第一区别特征是音高。

现在讨论江淮官话入声喉塞尾。无论是声调的音高时长函数说,还是调时调声说,都不含音质层,自然也不包含喉塞尾。但从语流链的线性结构看,声调依附韵母,二者合为一体,而入声又唯一对应塞尾韵(入声韵),谈入声就无法绕开入声韵,也不能不涉及入声韵的标记性成分塞韵尾。声学实验揭示,典型的江淮官话入声韵母段能量衰减过程中会出现第二能量峰值,第二能量峰值是喉塞尾在调音层面的表征。本文感知实验表明,喉塞尾不是感知入声的必备条件,但喉塞尾可提高入声辨认度[①],也就是说,第二能量峰值是入声调的羡余特征,不是区别特征。这一实验结果可旁证入声韵与入声调是两个概念。

三、江淮官话入声演变

汉语音韵的"入声"是一个跨类概念,既指声调也指韵母。入声在声调系统与平声、上声、去声等形成对立,在韵母系统与阴声韵、阳声韵形成对立。江

---

① 关于江淮官话入声喉塞尾的声学表征,笔者另撰文详述。感知实验结论见唐志强等(2018:411—420)。

淮官话入声韵多带喉塞尾–ʔ。入声既然与声调、韵母双关,讨论江淮官话入声的演变必然涉及韵与调两方面。

(一)入声演变三阶段的调时与发声

江淮官话入声在其内部三片有不同表现,而"语言在地理空间的差异蕴含着时间上演变的次序"。(王洪君,2014:227)从入声类别及喉塞尾保留情况看,江淮官话内部三片有不同特点:

表3 江淮官话入声特点

方言片	入声特点
泰如片	2个入声,保留喉塞尾
洪巢片	1个入声,保留喉塞尾
黄孝片	1个入声,无喉塞尾

表3显示,泰如片入声分阴阳,保留喉塞尾;洪巢片入声不分阴阳,保留喉塞尾;黄孝片入声不分阴阳,喉塞尾脱落。从入声在各片分布的差异,可推衍出江淮官话入声的演变。从数量上看,入声由2个变为1个;从喉塞尾看,从有到无。据此,可归纳出江淮官话入声发展正在经历三个阶段,阶段一:泰如片,为江淮官话入声的早期阶段;阶段二:洪巢片,为江淮官话入声过渡阶段;阶段三:黄孝片,为江淮官话入声发展阶段。

从阶段一到阶段二,入声的个数虽然在减少,但喉塞尾依然保留,入声的声韵双重属性未变;从阶段二到阶段三,未保留喉塞尾,即入声的韵母属性已经丢失,阶段三的入声只有声调特征。其次,三个不同阶段的入声在调时和发声上也各有不同表现。

三个演变阶段的调时特征。阶段一入声的音高:阴入高于阳入;时长则有不同表现:东台、泰州两地入声正在长化,而大丰入声开始长化。阶段二入声的音高:洪巢片调值主要为5,少部分为4;从时长看,扬州、芜湖两地方言入声开始长化,而南京、盐城、合肥三地入声正在长化。阶段三的入声完全长化,只有一个调类,但有三类调型,分别为高平调、高降调和曲折调。

三个演变阶段的发声特征。入声使用的发声类型数量和种类有所不同,现将三个阶段入声使用的发声类型频次汇总于表4:

表4　江淮官话入声演变三阶段入声发声类型频次

	正常嗓音	气嗓音	紧嗓音	高音调嗓音
阶段一(东台)	32	7	7	0
阶段二(扬州、南京、芜湖)	50	10	9	5
阶段三(安庆)	19	5	0	0

三个阶段的入声均使用了正常嗓音和气嗓音,正常嗓音使用的次数最高,然而每个阶段入声使用发声类型的频次不同。

阶段一的入声使用了三种发声类型,分别为正常嗓音、气嗓音和紧嗓音;阶段二入声则使用了四种发声类型,分别为正常嗓音、气嗓音、高音调嗓音和紧嗓音。阶段三入声使用的发声类型数最少,只有正常嗓音和气嗓音。由于第二阶段的入声是高平调,从而会伴随着高音调嗓音出现。但演变至第三阶段,入声已从动态的变化趋于稳定,其发声类型也趋于固定。阶段三的入声主要使用了正常嗓音,间有气嗓音。

(二)入声时长变异三阶段的发声类型

"短促"是入声的重要特征之一。入声在演变中的重要变化便是丢失"短促"特征。本文第三章实验结果表明,江淮官话入声时长变异正经历三个阶段,阶段1:入声开始长化(扬州、芜湖、大丰);阶段2:入声正在长化阶段(南京、盐城、合肥、东台、泰州);阶段3:入声完全长化(黄冈、九江、安庆)。下表列出入声时长变异三阶段的发声差异:

表5　江淮官话入声时长变异三阶段发声类型频次

	正常嗓音	气嗓音	紧嗓音	高音调嗓音
阶段1(扬州、芜湖)	35	5	8	0
阶段2(南京、东台)	47	12	8	5
阶段3(安庆)	19	5	0	0

处在三个阶段的入声均使用了正常嗓音和气嗓音,且正常嗓音使用的次

数最多,但是不同时长变异阶段的入声使用的发声类型有别。入声开始长化的阶段 1 多使用正常嗓音,间有气嗓音和紧嗓音。时长变异加剧的阶段 2 使用了更多发声类型,达到 4 种。在长化完成趋于稳定的阶段 3,发声类型开始减少,主要使用正常嗓音,间有气嗓音。入声演变三阶段和时长变异的三阶段在调音层面表现出交错性,而在发声层面则表现出较高的一致性。

(三)入声喉塞尾脱落与时长变异三阶段

采录的原始 EGG 信号,其基线往往不平直,有漂移。Rothenberg(1979)指出喉头仪信号基线不平直是由于说话时喉头的上升和下降等外部因素造成。(张锐锋,2015:80)而喉头上升和下降的幅度即为本文所说的喉头垂直运动值。从喉塞尾形成的生理机制可知,形成喉塞音需要喉部肌肉收缩,如此会形成相应的紧喉运动。(岩田礼,1992:534)而这种紧喉运动势必会加大喉头垂直运动的幅度,也即喉头垂直运动值可表征为喉塞尾的生理机制。基于上述原理,首先根据喉头垂直运动值统计出扬州、南京、东台、芜湖等 4 方言点入声保留喉塞尾的数量,并计算出其所占总量的比例,见表 6:[①]

表 6　江淮官话 40 常用入声喉塞尾保留情况

	扬州				南京				东台				芜湖			
	老男	老女	青男	青女	老男	老女	青男	青女	老男	老女	青男	青女	老男	老女	青男	青女
急	+		+						+	+			+	+	+	+
黑		+	+	+					+		+		+	+		+
说		+	+		+	+		+	+			+		+		+
出	+	+	+	+		+			+	+	+	+			+	+
辣	+		+	+	+		+			+				+		+
日	+							+						+		
月			+									+		+	+	+
毒		+	+	+					+	+	+			+		+
白		+	+	+		+			+				+	+		+
发		+	+	+					+	+	+			+		+
读		+	+		+			+						+		
捏					+	+			+	+				+	+	+

① 唐志强(2019)研究指出:喉头垂直运动值大于 40.2(或等于 40.2)可视为入声保留喉塞尾。本文将入声喉头垂直运动值大于或等于 40.2 数值摘录出汇总。

（续表）

	扬州				南京				东台				芜湖			
	老男	老女	青男	青女	老男	老女	青男	青女	老男	老女	青男	青女	老男	老女	青男	青女
擦	+		+	+	+		+		+	+	+		+	+	+	+
杂	+			+	+		+							+		+
直	+	+	+		+				+	+	+	+	+	+	+	
捉		+	+	+	+			+	+	+	+		+	+	+	
杀	+	+	+	+	+	+			+	+	+		+	+	+	+
舌	+	+	+		+	+	+		+	+	+	+		+		+
十	+	+	+		+				+	+	+	+		+		+
脚	+	+	+		+		+		+	+				+		+
吸	+				+		+							+		
活				+	+					+			+	+		+
一				+					+		+					
落		+	+		+				+	+	+			+		+
桌	+				+	+			+	+	+			+		
学	+	+	+	+	+			+	+	+	+		+		+	
国	+		+	+	+				+		+		+		+	
喝	+		+	+	+					+						
折	+	+	+		+				+	+			+			+
法			+	+	+		+		+		+					+
脱	+	+	+	+	+		+		+		+	+	+		+	
切			+	+	+				+	+			+		+	
突			+	+	+	+					+	+				
作	+	+	+		+	+	+		+	+	+		+		+	
得	+	+		+	+				+	+	+					
窄	+	+	+		+			+	+	+	+					
吃	+		+	+	+	+	+		+				+	+	+	+
哭			+	+	+				+	+	+				+	+
六		+			+				+					+		
俗		+	+	+	+	+	+						+	+	+	

说明：表中"+"代表该入声喉头垂直运动值大于40.2。为便于统计，未将喉头垂直运动值列出。

根据表6及江淮官话入声长化发展3个阶段，计算出入声保留喉塞尾所占的比例，见表7：

表 7　江淮官话入声喉塞尾保留情况

	阶段 1			阶段 2	阶段 3
	扬州	东台	芜湖	南京	安庆
保留喉塞尾入声数量	106	97	109	64	0
总量①	160	157	160	159	143
百分比（%）	66.3	61.8	68.1	40.3	0
	均值：65.4				

　　从表 7 可以看出，江淮官话入声喉塞尾的保留情况与时长变异阶段基本平行。开始长化的阶段 1，喉塞尾保留 65.4%；时长变异的阶段 2，喉塞尾保留 40.3%；完全长化的阶段 3，保留 0%。喉塞尾脱落的比例随着时长的变长而增大，可见，江淮官话入声喉塞尾的脱落与时长长化同步演进。综上所述，江淮官话入声演变在韵尾调音、声调调时和发声等层面均有体现。调音调时层面：入声早期阶段保留喉塞尾且短促，入声发展的趋势为喉塞尾的脱落与时长的长化。长化后的入声，已经没有短促的特征，与舒声不对立，此时音高起到主要辨义作用。在发声层面：入声开始使用三种发声类型，以正常嗓音为主，间有紧嗓音和气嗓音；随着喉塞尾的脱落与时长的长化，在原有发声类型基础上增加高音调嗓音，但以正常嗓音为主；入声完全长化时，发声类型使用的数量减少，只使用两种发声类型，以正常嗓音为主，间有气嗓音。现将江淮官话入声在调音调时和发声层面的演变途径演示如下：

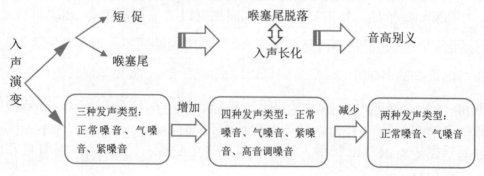

---

① 总量一栏，5 方言点各总量应为 160。计算入声喉头垂直运动值采录的底本为 40 个常用入声字，每个方言点 4 位发音人，共计 160 个样本，5 方言点采录样本总量为 160×5=800。东台、南京、安庆 3 方言点各总量数少于 160 原因在于部分入声的喉头垂直运动值未采用，将其剔除。

结语

入声的韵调叠加属性加上音韵学中入声的双重内涵（入声调、入声韵），使其性质的讨论有多种视角。声学、生理和感知实验结果表明，江淮官话入声具有调时和发声两个层面的性质。调时层面，入声音高未与舒声调形成对立，时长为主要区别特征；入声长化后，与舒声调类的对立以音高（音区与曲拱）为主。发声层面：江淮官话入声与舒声未表现出发声类型的对立，但入声以正常嗓音为主，间有高音调嗓音和紧嗓音。其次，江淮官话入声演变在韵尾调音、声调调时和发声等层面均有体现。入声喉塞尾的脱落与时长长化同步演进，入声演变的三个阶段与时长变异的 3 个阶段在调时层面具有交错性，在发声层面表现出较高一致性。

参考文献：

孔江平：《论语言发声》，中央民族大学出版社 2001 年版。

刘复：《四声实验录》，中华书局 1951 年版。

刘俐李：《汉语声调论》，南京师范大学出版社 2003 年版。

唐作藩：《音韵学教程》（第 5 版），北京大学出版社 2016 年版。

唐志强：《江淮官话入声声学–生理–感知实验研究》，南京师范大学 2017 年博士论文。

唐志强、李善鹏：《扬州方言入声区别性特征的感知研究》，《方言》2018 年第 4 期。

唐志强：《入声喉塞尾生理表征的计量分析》，《中国语文》2019 年第 6 期。

王洪君：《历史语言学方法论与汉语方言音韵史个案研究》，商务印书馆 2014 年版。

伍巍：《江淮官话入声发展演变的轨迹》，《中国语言学报》2006 年第 1 期。

岩田礼：《汉语方言入声音节的生理特征——兼论入声韵尾的历时变化》，《中国境内语言暨语言学》1992 年。

杨信川：《试论入声的性质及其演变》，《广西大学学报》（哲学社会科学版）1997 年第 1 期。

张锐锋、孔江平：《河南禹州方言声调的声学及感知研究》，《方言》2014 年第 3 期。

张锐锋：《普通话情感语音的发声研究》，北京大学 2015 年博士论文。

宗福邦：《论入声的性质》，《音韵学研究》1984 年第一辑。

Rothenberg,Martin:*Some relations between gottal air flow and vocal fold contact area,Proceedings of Conference on the Assessment of Vocal pathology,*ASHA Reports（1979），No.11：88—96.

John Laver:*The phonetic description of voice quality,*Cambridge university press（2009）.

作者工作单位：安徽大学文学院/语言学与汉语史研究中心

巢湖话句末警告义表达"我俩讲"研究*

刘宗保

摘　要　巢湖话中句末"我俩讲"与其前句共现表达警告义。该形式黏着于前句,是该表达的完句成分,其中的"我俩"表示"我跟你俩",属于词项错配。句末"我俩讲"是由句首"我跟你俩讲"在警告语境中高频共现,在"责任归因"语用驱动下后置于句末,并在经济原则作用下语音弱化形成的。从句首到句末,"我俩讲"在言者"警告"立场驱动下,发生了行域转喻到知域的主观化过程。巢湖话中句末"我俩讲"与普通话中的"我告诉你"相比,既有共性也有相关个性特点。

关键词　巢湖话;我俩讲;警告表达;责任归因

安徽巢湖话等江淮官话方言中"我俩讲"有下面的用法:

(1)你把身上搞潮之弄湿了我俩讲!

(2)你再扔我俩讲!

这两句话的语境是孩子妈妈对孩子的相关行为(如"玩水"或者"扔东西")生气警告时说的话。整体上来看,这类句子的语义是表示一种警告,其中的"我俩讲"的语义已经不是字面本身的含义,而是与普通话中诸如"我跟你讲/我告诉你"等的警告用法类似,但巢湖话中句末"我俩讲"在句法、语义上等与普通话有一系列区别,后文将对此进行对比分析。

句末"我俩讲"这一警告义用法以江淮官话洪巢片方言为常,本文主要以作者母语所在地的巢湖方言为主,同时结合相关调查语料。巢湖市位于安徽省中部、江淮丘陵南部,介于合肥、芜湖两市之间,地处东经117°25′～117°58′和北纬31°16′～32°,为安徽省县级市,由安徽省直辖,合肥市代管,

---

*　基金项目:本研究得到教育部人文社科青年项目"区域通语视角下庐剧语言词汇语法研究及数据库建构"(19YJC740044)的资助。

下辖 11 个镇、1 个乡、5 个街道办事处。根据 2012 年《中国语言地图集》(第 2 版),巢湖话属于江淮官话洪巢片。

一、形式与语义

(一)语用形式

说话人用"我俩讲"时,一般是回应听者的某个言语请求或行为时的表达,其形式可符号化为:"S我俩讲!"

其中的"S"是警告的原因,表现为不好的结果(如"身上搞潮")或者未然行为(如"再扔")等,"我俩讲"置于S之后位于句末,与S之间没有停顿,具有黏着性。又如:

(3)你不好好读书,考不上大学我俩讲!

(4)你再玩手机我俩讲!

从重音模式上来看,"S我俩讲"为前重后轻模式,即"我俩讲"一般读轻声,重音落在前面S句上,如:

(5)你穿这点受凉了'我俩讲!

也就是说,说话人的语义重心是在前面的警告性内容上,突出发出警告的原因。

(二)语义特征

1.警告原因:未然结果或已然行为

前文指出,"S我俩讲"表达警告含义,而警告的原因是听话人的某个行为可能会引起不好的结果S,如:

(6)你这样弄到时候搞不好我俩讲。

(7)你天天不看书,到时考不及格我俩讲!

因为"搞不好"或者"不及格"都是说话人不能接受的,或者对听话人来说也是一种负面结果,因而说话人要警告听话人以避免相应消极结果的出现。

当然有时这种消极的结果不一定在句子中出现,而是因为听者已经实施了相关行为,因而说话人通过警告相关行为的再次实施以避免结果的再次出现。因此,如果"S"是某种行为的话,一般加表未然的重复性副词"再",如:

（8）你要再打我俩讲！

这句中的"再打"说明听话人"打过了"，并产生了让说话人不满的结果，因而这时要警告说话人不能继续实施相关行为。

2.警告达成：隐含惩罚

逻辑上来说，警告要达到相应的目标，有时需要通过相关惩罚性措施才能实现。对于"S我俩讲"来说，说话人本身在说这句话的同时也暗含了不仅听话人要承担相应的后果，说话人或其他人也可能会给予惩罚，但这种惩罚往往是隐含的。如：

（9）你把身上搞潮之（我会打你）我俩讲！

（10）你穿这么少受凉之（会打针、吊水等）我俩讲！

（11）你非要这么做到时候搞不好（你要负责，可能会丢工作等）我俩讲！

因此我们可以进一步把"我俩讲"的内容符号化为："S（Y）我俩讲！"这里的"Y"也即隐含的惩罚措施等。

二、形成与机制

（一）句末"我俩讲"的形成

前文指出"我俩讲"的形式可进一步符号化为："S（Y）我俩讲！"从形式上来看，S为"讲"的内容，但这里"讲"是在S之后，语序与语义错配。我们认为句末的"我俩讲"是句首"我跟你俩讲"在一定语用动因下后置形成的。

1.从句首到句末

在巢湖话中，与"我俩讲"相关的"我跟你俩讲"可以放在句首，如：

（12）我跟你俩讲，你不好好读书，到时考不上大学把你皮扒都它！

（13）我跟你俩讲，你再玩手机，我把手机砸都它让你玩！

我们注意到，"我跟你俩讲"形式上似乎是"我跟/你俩/讲"，即存在三个言谈者。但实际上，这里应该理解为"（我跟你）俩/讲"，因此实质上与"我跟你讲"类似。

在句首的"我跟你俩讲"中"讲"是实义的，后面的内容都是"讲"的内容。我们发现,"我跟你俩讲"后面的内容是表达警告的,如上面的"到时考不上大学把你皮扒都它/我把手机砸都它让你玩"。其表达可概括为"我跟你俩讲+S+Y"。

由于"我跟你俩讲"常与警告义的内容同现,且在现场语境下,听话人也知道说话人是在跟他说要警告他,也就是说"我跟你俩讲"在实际语境中的存在与否并不影响句子内容的真实性。因此当说话人为了凸显警告的语用目的,"我跟你俩讲"就置于句末,形成了"S,我跟你俩讲"的形式,如:

(14)你不好好读书,到时考不上大学把你皮扒都它,我跟你俩讲!

这时的警告义表达可概况为"S+Y+我跟你俩讲"。但这种表达相对不够经济和简明,因为在实际使用中,说话人往往只是为了突出警告的原因,不需要将相关惩罚性措施言明即可达到目的,听话人通过语境就可解读出隐含的惩罚性措施。更重要的一点是,惩罚性措施的隐含往往能发挥更大的警告作用,因为惩罚手段是多样的,不仅仅是诸如"把你皮扒掉",还有可能如"让你回家种地/自己养自己"等形式。多种可能的惩罚手段比明示的单一形式对听话者具有更大的"威慑作用",因而也促使说话者将其隐含。

相应地,"我跟你俩讲"因为后附句末,全句的语义重心前移到前面的S,带来的是"我跟你俩讲"语音的弱化。语音的弱化往往会对语言形式带来影响,"我跟你俩讲"在这一作用下省缩为"我俩讲"。

这一省缩形式中的"我俩"表示"我跟你"的意义,即用"人称代词_单+俩"表示"人称代词_复",这一用法在相关方言研究中称为"词项错配"。据刘永华(2021),中原官话中的上蔡话中的"俺俩"可以替换为"俺两个""俺几个"。陈健荣(2020)、江蓝生(2012)也指出了相关方言中"两个"有表示介词或连词的用法。这些研究说明,方言中"俩(两个)"词项错配现象具有一定的普遍性。

就巢湖话中的"我俩"来说,"我俩"包含了听话者"你",同时也具有介词"跟"的用法,是语音弱化后形成的一种功能融合表达。因此在经济原则促动的语音弱化作用下,巢湖话中表警告义的"S,我跟你俩讲"形式进一步演变

为"S我俩讲"形式,即:

（15）你不好好读书,到时考不上大学我俩讲!

上述共时层面的演变路径可图示如下:

（我跟你）俩讲,S+Y $\longrightarrow$ S+Y+我跟你俩讲 $\longrightarrow$ S（Y）我俩讲

2.句末与句首形式语义比较

当"我俩讲"后附于警告语境后,其形式和用法等与句首"我跟你俩讲"有一系列区别:

一是重音与停顿的变化。前文说过后附的"我俩讲"轻读,重读的是前面的"S",且与前面句子之间没有停顿。而句首的"我跟你俩讲"则是正常的重音模式,并不轻读,并与后面的句子有停顿。

二是后附后中间可以插入表示行为重复发生的"再"变为"我俩再讲",如:

（16）你天天玩手机把眼睛看坏了我俩再讲!

从形式上来说,当位于句末之后,由于这一位置与警告的未然性之间在形式意义上的相似性,因而可以加上"再",形成"S我俩再讲",这是句首没有的形式。

语义上来说,我们认为这里用"我俩再讲"的原因也是因为出现消极结果会有惩罚措施。也就是说,惩罚是要等到出现结果后再惩罚,这符合"因果一致"逻辑。当然,从实际使用频率来看,以"我俩讲"形式为主,这也符合经济原则。

三是句末的"我俩讲"有煞尾作用。表现为前文提到的惩罚性措施可以隐含,而句首的"我跟你俩讲"往往需要将隐含的惩罚性措施说出来,否则这个句子的语义就不完整,分别如下面两例:

（17）*我跟你俩讲,你把衣服搞潮之!

（18）我跟你俩讲,你把衣服弄湿了我不把你皮扒掉!

而句末的"我俩讲"之前可以直接出现警告的原因,不出现惩罚措施也可以完句。因此这里的"我俩讲"则类似于完句成分,具有煞尾作用。

（二）动因与机制

1."责任归因"语用操作

我们认为警告义表达后附"我俩讲"的动因是"责任归因"的语用操作。所谓"责任归因"是指言者警告或者惩罚的原因在于对方，而不是言者自己，也就是说如果导致不良后果，责任在对方。前文指出该表达式为"S（Y）我俩讲"。其中"S"与"Y"为因果关系，如"衣服弄湿了"与"把你皮扒掉"，即我惩罚你是你的行为引起的。

那么说话人首先把这个原因"S"置前，就是为了凸显说话人警告并可能会采取惩罚措施的原因。同时将"我俩讲"后附，目的在于表达"我和你说了"，如果你这样做会导致相应的后果，也即"我有言在先，如果导致相关后果，责任自负"。

汉语中其他警告义表达往往也有相似的"责任归因"操作。以警告义构式"叫/让"句（刘宗保，2011）为例。说话人如妈妈警告孩子说"我让你哭"时，形式上是我"允许"你哭，但语用目的是警告说话人，不允许他哭。从语用操作上来说，也是"责任归因"机制，即"我允许你哭"，但如果要惩罚你，责任就要归因于"你哭"。

因此，"责任归因"是一种普遍语用策略，"我俩讲"后置句末就是警告语用目标的驱动。

2.立场驱动的主观化

从句首"我跟你俩讲"到句末的"我俩讲"，其中的"讲"和相应的主语"我"的语义都发生了主观化。

具体而言，句首中的"我跟你俩讲"中的"讲"还是实义的言说义，是要告知对方相关事实或看法。但在句末"我俩讲"中，"讲"已从表言说规约化为表达一种态度等（如"警告"），发生了主观化。这一主观化过程与汉语史上言说类动词演变为认知义动词的路径是一致的（董秀芳，2003）。从"行、知、言"三个概念域来说，从句首"讲"到句末"讲"是从"行域"到"知域"的变化，即将对相关行为的态度用传达信息这一行为本身来表达，经历了概念的转喻（方梅,2006)。相应地,句首中的"我跟你俩讲"中的"我"也由句法主语变为句末的言者主语,表达的是说话人的主观看法。

我们认为"我俩讲"之所以会规约化为表警告义,在于其吸收高频共现的句法环境语义。前文指出,常规的句首"我跟你俩讲"与警告义的表达高频共现,如上文例(7)所示。也就是说,"我跟你俩讲"与警告义表达高频共现为其主观化提供了语义基础。

"我俩讲"位于句末表达的警告义实质上也是一种立场表达。方梅等(2017)认为,在互动交际中,除了交流命题内容,说话者和作者通常还表达个人感觉、态度、价值判断或者评估,即"立场"。显然"警告"就是立场中的态度表达。这与一些位于句末的追补句用法类似,徐晶凝等(2019)认为追补句具有立场调节功能,如:

(19)然后,大家晚上娱乐一下,然后,他们也是做广告呢,等于,你知道,就是说……

这后面的"就是说"是表达言者的认知立场。我们认为句末"我俩讲"与这里的"就是说"等一样,是一种立场表达。

三、相关比较

董秀芳(2010)研究了普通话中"我告诉你"这样的形式,其中提到了其也具有"警告义"。本文中的"我俩讲"与"我告诉你"有共性,即形式上两者有相通之处。但同时两者在形式和语义上有三点不同:

(一)位置自由性

董文提到,表警告义的"我告诉你"除了在句末,还可以在句首或句中,如:

(20)他吼道:"你想离婚,除非我死了!我告诉你,你在福州要是跟了别人,我宰了你!"(参看董秀芳,2010)

但前文提到,"我俩讲"出现在句末为常,而且更加规约化,也不能出现在句首或句中。

（二）句子结构内容

"我告诉你"所在句子往往必须都要有后续的惩罚性措施,如例(20)中的"我宰了你",这是不能隐含的,即不能说:

（21）*我告诉你,你在福州要是跟了别人!

而前文指出,巢湖话中句末"我俩讲"的惩罚措施则可以省略,如下面的表达是合格的:

（22）你在福州要是跟了别人我俩讲!

（三）语用功能

从语用功能角度来说,董文认为"我告诉你"是来源于完整小句的话语标记,即使省略也不影响句义。而该方言中的"我俩讲"则不能省略,是警告义句子的必有后附成分,正如前文所说,是句子的完句成分。因此,从这个角度来看,句末的"我俩讲"并不是话语标记。

另外,普通话中的"我告诉你"有五种功能,即提醒、提供重要信息、重申某一重要信息、发出某种命令和警告含义,而巢湖话中句末的"我俩讲"只表达"警告"含义。显然"我告诉你"的语用功能更加丰富。

结语

巢湖话中的句末"我俩讲"与句首"我跟你俩讲"有密切联系。由于句首"我跟你俩讲"常用在警告语境中,因此为了凸显警告的原因并在语音弱化的经济原则的作用下,言者将表示警告的原因句前置,相应地隐省警告的惩罚措施,形成有警告义用法后置于句末的"我俩讲"形式。这一位移的语用动因可归于言者的"责任归因"操作。从认知机制上来说,后置的"我俩讲"与句首的"我跟你俩讲"相比发生了主观化,已经从行域转喻为知域,表达一种警告的认知立场。

参考文献

陈健荣:《汉语方言介连词"两个"的产生》,《当代语言学》2020年第1期。

方梅:《北京话里"说"的语法化——从言说动词到从句标记》,《中国方言学报》第1期,商务印书馆 2006 年版。

方梅、乐耀:《规约化与立场表达》,北京大学出版社 2017 年版。

董秀芳:《"X说"的词汇化》,《语言科学》2003 年第 3 期。

董秀芳:《来源于完整小句的话语标记"我告诉你"》,《语言科学》2010 年第 5 期。

江蓝生:《汉语连–介词的来源及其语法化的路径和类型》,《中国语文》2012 年第 4 期。

刘永华:《上蔡话"俺俩给张三 VP"句式中的代词词项错配现象》,《中国语文》2021 年第 3 期。

刘宗保:《警告义构式"叫/让"句探析》,《汉语学习》2011 年第 2 期。

中国社会科学院语言研究所,中国社会科学院民族学与人类学研究所,香港城市大学语言资讯科学研究中心编:《中国语言地图集》(第 2 版),商务印书馆 2012 年版。

徐晶凝、郝雪:《建议言语行为内部调节手段的语用调控》,《世界汉语教学》2019 年第 3 期。

作者工作单位:安徽大学文学院/语言学与汉语史研究中心

名词重叠与量词重叠

吴早生

摘　要　名词能否重叠历来都是有争议的。早期学界基本上认为,除了极个别带有量词性质的名词外,名词一般是不能重叠的;近年来一些学者在自己的研究基础上,提出了一些修正观点。本文拟在前人研究的基础上,先区分易混淆的名词重叠与量词重叠,再重点探讨名词重叠后的具体词性与句法功能。

关键词　名词重叠;词性;句法功能;语法意义

关于名词,一般认为是不能重叠的,吕叔湘(1980)曾经就明确指出"其实一般名词是不能重叠的,花花、书书、猫猫、狗狗是大人哄小孩儿说的,名词重叠表示'每个',文言里通行。现代汉语里只有量词有这个本事"。丁声树等(1961)也认为"名词一般不能重叠,少数带有量词性质,前边可以直接加数词的名词可以按量词重叠式重叠"。在许多具有代表性的高校教材里,一般也认为名词是不能重叠的,如黄伯荣、廖序东(2007)指出:"名词一般不能重叠,少数名词如'人、家、年、天'带有量词的性质,前面可以直接加数词,可以按量词重叠式重叠。"

近年来有一些学者对吕、丁等的看法提出异议。经过深入研究,他们对上述观点提出了修正,王小方(1994)、华玉明(1995)、胡习之(1996)、曲金(2004)等都撰文论述了修正的观点。如王小方(1994)从现代汉语、民歌、儿童语言等语言实际出发,认为应修正为:"名词一般不能重叠,但是有两种情况是可以重叠的:1.少数兼有量词性的单音节名词重叠后,一类有'每一'的意思;另一类语意有明显的变化,表'众多''泛指',有借代或夸张作用。2.有些单音节名词重叠后有明显的'喜爱''亲切'或'细小'色彩,多见于儿童语言及民歌中。"

另外,在一些高校教材中对名词重叠也做了较详细的论述,如张斌(2002)指出:"一般情况下名词不能重叠,但在两种情况下可以重叠或复叠。一是名词量化,如,天天、年年、队队;二是部分名词对举时可以重叠,两个单音节名词重叠,既可以是同义的,也可以是类义的。如,山山水水、枝枝叶叶。"这明显是对原始观点的一种修正。

前人多是从名词重叠的语义和分类进行的研究,但如何确立现代汉语名词重叠与量词重叠的鉴定标准,尚需进一步系统梳理,以更好地把现代汉语量词和名词重叠区别开来。下面我们来看几组例子:

(1)人人都有一本书　　　　　路路通

　　家家都有一本难念的经　　天天去

　　村村都通公路　　　　　　年年去

(2)个个都是好样的　　　　　条条大路通北京

　　本本都是新的　　　　　　张张桌子都有涂鸦

　　对对都是年老的恋人　　　箱箱都是好的

(3)节节升　　　　步步高　　　代代相传

我们发现上述三组句子中的重叠形式在指称功能和句法功能等方面并不完全一致,甚至表现出较大的差别。本文力争在前人研究的基础上,针对上述现象着重讨论AA式名词与量词重叠形式的区别与联系,探讨它们的句法功能与语法意义等方面的相互关系。

一、量词重叠和名词重叠的指称功能及语法意义

汉语词汇里,有些单音节名词在重叠前可以兼做量词,例如,我们可以说一人间、一家人、一村人、一路车、一步路、一年时间、一节竹子,等等。但值得注意的是,上述名词单用时虽然可以充当量词,它们的重叠形式却不具备量词的性质特点,我们可以从以下三个方面来观察:

(一)量词的重叠虽然也可以表示"每一"的语法意义,但是重叠后表示的

事物并不是量词所指称的事物,也就是说,量词重叠是转指不同于量词的其他事物,而名词重叠后的所指没有发生变化。例如:

(4)a.件件都是好的　　个个都有精神　　把把都是新的

　　b.箱箱都是烂的　　桶桶都用过了　　盒盒都是潮湿的

　　c.箱箱都是满的　　桶桶都装了汽油　　盒盒里面都有东西

上面例子中,(4a)使用的都是专用量词,这些量词本身不表示事物,重叠后当然只能指称那些与量词相关的事物,例如"件件"主要指称衣服,或可用"件"修饰的其他事物,"个个""把把"的作用可以此类推。

(4b)使用的是由名词借用来的临时量词,这些量词本身既可以指称事物,也可以表示事物的量,但重叠后却都只表示事物的量,而不指称事物本身,例(4b)中的"盒盒"表示的主要不是盒子是潮湿的,而是盒子里面的物品是潮湿的,如"每一盒火柴都是潮湿的",这里的"盒"只是表示装火柴的这个物品的计量,而不是指称火柴本身。也就是说(4b)的重叠与(4a)中的重叠用法是一致的,都是用重叠表示事物的量,而不是表示事物本身,因而(4b)属于转指用法。

(4c)与(4b)中使用的是相同的词进行重叠,但不再是转指其他事物,而是表示重叠词语本身可以所指的事物,如(4c)中的重叠分别表示的是每一个箱子、每一个桶、每一个盒子,看似借用量词,但其重叠后并未转指,而是自指。

(二)量词重叠后,一般都能在重叠形式后面补上所要转指的事物,且都具有"每一"这一语法意义,所以如果把重叠量词转换为"每一～"之后,再添加上所指称的事物名词就更为自然了。例如:

(5)a1 件件(衣服)都是好的——每一件(衣服)都是好的

　　a2 个个(学生)都有精神——每一个(学生)都有精神

　　b1 把把(扇子)都是新的——每一把(扇子)都是新的

　　b2 箱箱(苹果)都烂完了——每一箱(苹果)都烂完了

　　c1 桶桶(菜油)都用过了——每一桶(菜油)都用过了

　　c2 盒盒(火柴)都是潮湿的——每一盒(火柴)都是潮湿的

但是名词重叠后都不能补上中心语,同样也不能转换成"'每一~'+中心语"的形式。例如:

  *箱箱(东西)都是满的——*每一箱(东西)都是满的

  *桶桶(东西)都装了汽油——*每一桶(东西)都装了汽油

  *盒盒(东西)里面都有东西——*每一盒(东西)里面都有东西

(三)量词重叠以后,与所表示事物相关的量词已经出现,不能在重叠式前后加上其他量词,也不能在所表示语法意义"每一~"前后再加上其他量词,如上述表示量词的重叠都不能加上其他量词:

  (6)a1 件件(*其他量词)(衣服)都是好的——

    每一件(*其他量词)(衣服)都是好的

    a2 个个(*其他量词)(学生)都有精神——

    每一个(*其他量词)(学生)都有精神

    b1 把把(*其他量词)(扇子)都是新的——

    每一把(*其他量词)(扇子)都是新的

    b2 箱箱(*其他量词)(苹果)都烂完了——

    每一箱(*其他量词)(苹果)都烂完了

    c1 桶桶(*其他量词)(菜油)都用过了——

    每一桶(*其他量词)(菜油)都用过了

    c2 盒盒(*其他量词)(火柴)都是湿的——

    每一盒(*其他量词)(火柴)都是湿的

相反,大部分借用为名量词的名词重叠却至少能在其所表示语法意义的"每一"后再加上其他量词,如下例中的"个":

  箱箱都是满的——每一个箱子都是满的

  桶桶都装了汽油——每一个桶都装了汽油

  盒盒里面都有东西——每一个盒子里面都有东西

但也有一部分名词重叠既不能加上中心语,也不能加上其他量词,如上文提到的年年、天天、家家以及它们所表示语法意义"每(一)~"都不能再加上其他量词：

（7）a.家家都有一本难念的经——每（一）家都有一本难念的经——

　　　*每（一）个家都有一本难念的经

　　b.天天去——每天去——*每（一）个天去

　　c.年年去——每年去——*每（一）个年去

值得注意的是,这里的"天天""年年"甚至不能加上数次"一",如,我们一般不说"每一天去""每一年去",数词都不能修饰的词,很难说它是量词。

二、名词重叠的词性与句法功能

（一）名词重叠的词性

从上节的研究可以看出,虽说名词重叠与量词重叠在指称和句法功能方面表现出较大的差别,但其语法意义却有着某些共通之处,要么表示"每一~"的意义,如上面例（2）中两列的量词重叠,分别表示"每一个、每一本、每一对、每一条、每一张、每一箱"；例（1）虽是名词重叠,但也都表示同样的语法意义,分别是"每一个人、每一个家庭、每一个村子、每一条路、每一天、每一年"。要么表示"一~一~"的意思。如上面的例（1）中的第三列,分别是"一节一节、一步一步、一代一代"之义。这也说明汉语的量词和名词有着非常密切的联系。

值得注意的是,并不是所有的名词都可以有上述的重叠,如果可以重叠,有的名词一旦重叠就不再是名词了,而是借用为量词了。现在我们关心的是,在可以重叠的名词中,哪些名词可以构成名词重叠,哪些名词只能借用为量词重叠,哪些名词兼有名词重叠和量词重叠两种形式? 为了弄清汉语名词的重叠情况,我们以《现代汉语词典》（第6版）的词性标注为依据,逐个在语料库和网上搜索名词或量词的重叠形式,共计找到了143条。其中,重叠后仍然是名词的有51个,重叠后转化为量词的有58个,而兼具名词和量词两种词性的有34个,现分类列举如下：

名词重叠：边、辈、步、村、处、店、旦、代、调、官、杠、格、沟、国、环、街、节、家、季、句、坎、岭、路、年、仆、拳、人、色、事、山、头、州、种、字、镇、帐、县、乡、省、校、线、心、息、叶、月、芸、时、物、户、岁、夜。

借用为量词重叠：班、车、坝、杯、版、笔、本、池、床、寸、单、担、档、刀、栋、段、队、顶、分、封、峰、根、关、行、级、集、件、届、斤、科、课、口、款、列、枚、门、面、幕、排、枪、圈、群、声、世、首、树、双、丝、台、套、团、条、湾、舞、站、桌、页、枝。

兼具两种词性：包、场、车、船、兜、袋、碟、道、缸、罐、柜、锅、盒、壶、间、坑、框、筐、篮、篓、盘、盆、瓢、瓶、盘、圈、勺、坛、匣、日、桶、天、碗、屋。

从上面的语料我们可以看出，能够进行名词重叠的，词性都比较稳定，没有向其他词类过渡的趋势，这类能重叠的词中犹以表集合的名词居多，重叠后表示数量上的逐指和泛指意义。如"事事都讲究""镇镇都在修公路"中的"事""镇"都只具有名词这一个原始的词性，前者重叠后逐指每一件事情都如此，含有"遍及"的意思；而后者重叠后泛指所有的镇都一样，含有"所有"的意义。

只能借用为量词重叠的名词大都处于一个由名词向量词过渡的阶段，其重叠前兼有名词和量词的特点，但重叠后就只具有量词的特点。如"眼光则斜过了一树的叶子""树下可以捡到蘑菇""那一树树火焰般的枫叶"中的"树"在重叠前既可以和数词组合构成数量短语"一树"，体现量词特点，又可以和方位词组合构成方位短语，体现名词特点；但重叠后，它的名词性消失，只能借用为量词重叠，与数字"一"组合构成数量短语。

重叠后兼有两种词性的名词大都是指称可以装载东西的容器，重叠后既可以指容器本身，也可以转指容器里的东西，转指时多与数词"一"组合使用。如"车车都挤满了人""华工们用车推着碳酸镁结晶块入炉出炉，一车车都凝聚着华工们的汗水"两个例句中，前者就只指这个载人的车辆本身，而后者则转指车里的碳酸镁结晶块，且与数字"一"搭配使用。

（二）名词重叠的句法功能

一般来说，名词在句中经常做主语、宾语和定语，但通过对上面名词重叠形式的分析，我们发现名词重叠后有着自己独特的句法功能。有些名词重叠式只能出现在动词前面充当主语。例如：

（8）边桥四株马尾松，枝枝覆盖，叶叶交通，另成一个境界。

（9）解放前，几乎镇镇都有关帝庙，庙中以关羽为主神，关平、周仓配祀。

有些名词的重叠形式只能用在动词的前面充当状语，修饰谓语。比如：

（10）鸿渐急得眠食都废，把自己的信背了十几遍，字字推敲，自觉并无开罪之处。

（11）他说："我家百事遂心，唯有一样不如愿：辈辈单传。"

有一些重叠形式虽然处于状语的位置上，但表达的不是"一～一～"的意思，而是表达"每（一）～"的语法意义。例如：

（12）你走后，我夜夜真是睡得太熟了，夜里绝不醒来，而且未曾梦见过你一次，岂单是没有梦见你，简直什么梦都没有了。

还有一些重叠形式，很难替换为"一～一～"了，但仍然含有"一～一～"的语法意义。

（13）因为解放军节节胜利，有钱人、当官的纷纷南逃，空下不少房子。

另外，一些名词重叠后，看似既可以充当主语又可以充当定语，但实际上这是两种不同性质的重叠，其中充当主语且不能添加中心语的自指形式确实属于名词重叠的功能，但是充当定语的一定属于量词的重叠。如下面例（14）中的 A 组就不是名词重叠的形式，只有 B 组才属于名词的重叠形式：

（14）A组：a.美国一船船的废铁运到日本，英国在考虑封锁中国的军火。

b.家家户户屋檐下排列着附近不同山上采来的一筐筐杨梅，任何人都可以蹲在边上慢慢吃上几个时辰。

c.环顾严俊昌的居处，东西两间各有一张床，窗下堆着一袋袋粮食；当门一间正中，一张发白的方桌，北墙靠着一张条几，几乎没啥家具。

B组：a.当这个旅行团登船后，船船都坐满了游客。

b.秋收时节，筐筐都塞满了从地里收回的粮食。

c.回娘家拜年的这些新妇们，无一不是提着大袋小袋，袋袋都装满了各种孝敬爹娘的礼品。

从这些句法功能当中,我们归纳出一个共同的特点,即名词的重叠式只能位于信息度较高的谓词前,且倾向于充当话题主语或状语,以表示人们的关注点所在,往往是句子的焦点。

(15)他讲话时喜欢窃窃私语,仿佛句句是军事机密。

(16)一边生产一边盼,仍月月圆满完成国家下达的生产指标……

在上面的例子中,"句句"是分句中谈论的话题主语,"月月"则是用来强调"完成生产指标"这一行为的话题状语。

不能充当定语、谓语、补语。如例(1)中的"节节升""步步高""代代相传"不能改成如下说法:

(17)*节节的升　　　*步步的高　　　*代代的相传(作定语)

　　　*升节节　　　　*高步步　　　　*相传代代(作谓语)

　　　*升得节节　　　*高得步步　　　*相传得代代(作补语)

另外,名词的重叠式偶尔可以充当宾语,但一般都限于特殊格式,最常见的就是其在对举格式中的运用,如"我爱人人,人人爱我"等。

结语

本文在前人关于名词能否重叠研究的基础上提出了对名词重叠的一些看法,并进行了分析。先从易混淆的实例出发,对名词重叠和量词重叠做了大致区分,提出了鉴定办法,认为名词重叠是自指,而量词重叠是转指,即转指不同于量词本身的其他事物。再经过对语料的描写分析,发现名词重叠在词性与句法功能等方面有着不一样的特点:词性上,有的名词重叠后可以保持原有的词性构成名词重叠,有的可以改变词性借用为量词重叠,还有的可以兼有名词重叠和量词重叠两种形式。句法功能上,名词重叠后可以作句子的主语和状语,在特殊格式中可以充当宾语,不能充当定语、谓语和补语。

参考文献:

邓海清:《名词重叠的自由度及语义表达》,《韶关大学学报》(社会科学版)1998年第2期。

丁声树等:《现代汉语语法讲话》,商务印书馆 1961 年版。

侯友兰:《量词重叠的语法语义分析》,《绍兴文理学院学报》(哲学社会科学版)1998 年第 9 期。

胡习之:《试论现代汉语名词重叠》,《阜阳师院学报》(社科版)1995 年第 1 期。

华玉明:《名词重叠的表义类型及其语法差异》,《浙江师范大学学报》(社会科学版)1996 年第 1 期。

黄伯荣、廖序东主编:《现代汉语》,高等教育出版社 2007 年版。

李思军:《汉语名词重叠研究综述》,《重庆文理学院学报》(社会科学版)2009 年第 12 期。

吕叔湘主编:《现代汉语八百词》,商务印书馆 1980 年版。

杨润陆、周一民:《现代汉语》,北京师范大学出版社 2004 年版。

岳中奇:《名词 AA 重叠式的语法性质及功能》,《语文研究》2006 年第 4 期。

曲金:《名词是否能重叠》,《廊坊师范学院院报》2004 年第 9 期。

王小方:《名词重叠形式探》,《嘉应大学学报》(哲学社会科学版)1994 年第 1 期。

张斌主编:《新编现代汉语》,复旦大学出版社 2002 年版。

作者工作单位:安徽大学文学院/语言学与汉语史研究中心

再论单音方位词的句法地位

——兼论汉语语言成分句法地位的鉴别手段

彭家法

摘　要　附在名词之后的单音方位词具有名词附缀和构词词缀双重句法地位。单音方位词有些情况下语义具有定向性,可以读轻声也可以读本音,句法删除、方向对立的方位词替换会导致不合法或重要的语义改变,这样的单音方位词为名词附缀;有些情况下,语义具有泛向性,仅起到标记处所的功能,语音上必读轻声,句法上可以被删除或被方向对立的方位词替换,它们是处所名词的构词词缀。作为构词词缀的单音方位词仅起到标记处所的功能,这种构词词缀是从表示处所的名词附缀经过语法化而产生的,基本途径是语义特征脱落,名词附缀的表示具体方向的[＋上][＋中][＋里]等词汇性特征丢失,只保留[处所][＋名词性]等功能性特征,从而变成标记处所的构词词缀。"的"具有附着功能,又具有连接功能;功能不同,对其后成分的要求也不相同。"*桌子的上"中"的"功能为连接,因此要求"的"后成分语音独立,具有短语地位,即使由一个实词充当也投射为短语,而具有名词附缀和构词词缀双重地位的单音方位词具有语音附着的特点,不能投射为短语,因此不合格。单音节方位词"上"等不能占据此位置,是其句法地位的体现。语言成分常常具有双重地位,需要综合运用语音、语义、句法(删略、替换、插入其他成分、前加修饰成分、数量搭配等)手段区分汉语语言成分的句法地位。

关键词　单音方位词;附缀;错配;构词词缀;双重地位

一、引言

现代汉语表达空间概念单音方位词(locative particles)的性质问题,文献中有很多争论。朱德熙(1982)等国内语法学界大都认为单音方位词一般是黏着在名词之后的。这种观点我们称为"名词说"。Ernst(1988)和刘丹青

（2003）认为是后置介词，这种观点我们称为"后置介词说"，后置介词说主要证据是方位短语跟介词词组一样可以作状语。Li（1990）提出，方位短语和名词（组）用在句中都需要格（也就是做主、宾语），且跟汉语方位短语和名词短语一样是后核心的，因此方位词不是后置介词，而是"名词性成分"（nominal expression），称为"处所化标记"（localizer）。储泽祥（2010：177）把单音方位词称为"方所化的属性标记"。Li和储泽祥的观点我们称为"标记说"。刘丹青（2003：111）指出"成分""标记"两个名称"回避了是不是词这个大问题"。Liu（1998）提出汉语方位词是附缀（clitic），没有句法地位（Locative particles do not have a syntactic status），因此单音方位词构成的方位短语既可以做主宾语又可以作状语。这就是"附缀说"。其实附缀也有句法地位，刘丹青（2003：112）指出方位词"必须在句法上有个交代"。李亚非（2009）认为汉语方位词的核心成员不是附缀也不是名词，可称为"独立词类说"。单音方位词（简称L，下同）是从名词N中分离出来的独立词类，两者差异在于单音方位词前不能加"的"（如"*桌子的后"），名词可以加"的"（如"桌子的腿"）；双音方位词则具有L和N（普通名词）双重地位（又见黄正德等，2013：13—21）。独立词类说忽略了方位词不同用法的差异。

我们认为汉语单音方位词有不同的用法，句法地位也有所不同。吕叔湘（1979）指出"单音方位词有三种用途：①构成方位短语；②做复合名词中的前加成分；③跟介词组合成副词。双音方位词只有两种用途：①构成方位短语；②单用（'之×''以×'除外）。"单音方位词的用法有以下几点值得注意：

第一，单音方位词和双音方位词都能构成方位短语（即用法①），如"桌子上""桌子上面"，实际上两者存在重要差异，后者可以插入"的"，前者不可以。文炼、胡附（2000）指出"上面"等双音方位词应该是独立的词，"上"等单音方位词的性质有所不同。[①]

第二，单音方位词除了用法①②（如"前门""东城"等）和用法③（如"往

---

① 文炼、胡附：《词类划分中的几个问题》，《中国语文》2000 年第 4 期，第 298—302 页。

上""向上"）之外，还有用法④，做复合动词的前加成分，如"上进""上升"等。

第三，用法①构成方位短语的单音方位词和用法②③④的单音方位词，性质不同。方经民（2004）认为前加用法②表空间的"前""后""上""下"和"东""西""南""北""左""右"是构词成分，前加用法②表时间的"前""后""上""下"为"区别词"，用法③的方位词都是"方向词"。汉语方位成分语法性质的差异反映了相关语言成分语法化程度并不均衡。分类过细会造成兼类过多。本文在吕叔湘（1979）基础上，把单音方位词用法分为两大类，第一类为用法②③④，这一类用法的单音方位词"里""外""前""后""上""下""间""中""旁""边""东""西""南""北""左""右"等都有实际语义内容，不可以读轻声，为实义语素；第二类为用法①，该用法的单音方位词语义可能虚化，可能读轻声，具有不同的句法地位。

第四，《现代汉语词典》（第7版）根据不读轻声和可读轻声把单音方位词"上""里"分列两个词条。不读轻声用例包括：用法②"上游""里屋"，用法③"往上看""往里走"，用法④"上进""上升""里应外合"。可读轻声用例都属于用法①，其中包括：表示空间的"脸上""墙上""桌子上""手里""话里有话"等，表示地点的"这里""头里"等，表示事物范围的"会上""课堂上"等，表示某一方面的"事实上""思想上"等。分出两个词条的处理，反映出词典编者对方位词"上""里"具有不同性质的认识。

第五，跟方位词"上""里"一样，方位词"下""中"也有不读轻声和可读轻声两种情况。不读轻声的用例包括：用法②"下部""中锋"，用法③"往下看"，用法④"下行"。可读轻声的情况，如用法①吕叔湘（1965）的例子有："地下""年下""乡下""情形下"和"心中"等。词典中方位词"下""中"只有一个词条，可能是考虑到方位词"下""中"读轻声的情况比较少，事实上方位词"下""中"和"上""里"都有不读轻声和可读轻声两种情况，都可以列两个词条，不读轻声具有实义语素的句法地位，可读轻声具有不同的句法地位。

后置介词说、名词说都不能充分说明后置单音方位词的语音附着性。附在名词之后的单音方位词句法语义取宽域,保留名词的句法地位,语音具有附着性,具有名词附缀的句法性质。名词附缀的语音句法错配性,体现出词缀和词的双重特点。附着在名词后的单音方位词保留名词地位,不是后置介词;方位短语不是介词短语,而是处所名词短语。处所名词短语跟一般名词不同,既能做主宾语,又能作状语,具有双重功能,这可以自然解释方位短语作状语的现象。并非只有介词短语才能作状语,汉语方位短语能用作状语,并不能证明就是后置词短语。(彭家法,2022)现有研究还有一些问题需要讨论:第一,作为附缀的单音方位词内部存在差异,有的有词汇性意义,有的没有,两者性质如何区别;第二,单音方位词附缀在名词后面构成方位词组,为什么单音方位词前不能加"的"?下面两节分别讨论这两个问题,最后讨论语言研究方法问题,主张鉴别语言成分的性质应该综合运用多种方法。

二、名词附缀和构词词缀

单音方位词可以用作名词附缀,有些语境下单音方位词进一步虚化为构词词缀,附在名词之后的单音方位词具有名词附缀和构词词缀双重句法地位。

本文认为,现代汉语附在名词之后的单音方位词,在有些语境下保留了名词的句法地位,同时语音具有附着性,因此称为名词附缀。作为附缀的语言成分具有独立的词的地位,并不矛盾。名词附缀具有词缀和词的双重表现,比如:

　　(1)a.[李四买的那张桌子][上]

　　　　b.他在[饭馆和教室][里]都穿着西服。

(a)"上"语音附着在"桌子"上,但句法附着在整个短语"李四买的那张桌子"上,语义取宽域,非窄域"桌子"。如果"上"语义取窄域得到"桌子上"的空间位置意义,"那张"语义上将无法与其组合。(b)"里"语音附着在"教室"上,但句法附着在短语"饭馆和教室"上,语义取宽域。根据附缀的性质,(1)中的句子都可以得到自然的解释。

附在名词之后的单音方位词(用法①),不同语境中句法地位存在差异,有的语境下是语音附着的名词,即附缀,有的则是构词词缀。单音方位词用法①

有些情况下语义具有定向性,可以读轻声也可以读本音,句法删除、方向对立的方位词替换会导致不合法或重要的语义改变,这样的单音方位词为名词附缀;有些情况下,语义具有泛向性,仅起到标记处所的功能,语音上必读轻声,句法上可以被删除或被方向对立的方位词替换,它们是处所名词的构词词缀。

单音方位词用法①具有附缀和构词词缀双重地位,主要表现有两个方面:第一个方面表现是吕叔湘(1965)提出的语义定向和泛向的差异,如:

(2)a."回家"这两个字像针般刺在智威的心上。(言妍《紫色星辰》)

b.帝国大厦的大楼上飘起了一面鲜艳的红旗。(1995年《作家文摘》)

(3)a.心里不甘不愿的。(董妮《拜金女郎》)

b.机舱里不知何处响起金属尖利的呼啸声。(张贤亮《习惯死亡》)

(2a)中的"心上"指的不是"心的上面","上"在这里并不和"下"相对,"心上"意思就是"心",所以这里的"上"具有泛向性,仅起到标记处所的功能,句法作用是把普通名词"心"变为处所名词"心上",因此是处所名词的构词词缀;而(2b)中的"大楼上"指的就是"大楼的上方","上"是有具体意义的,具有定向性,是名词附缀。(3a)中的"心里"指的不是"心的里边","里"在这里也不是和"外"相对的,"心里"就是"心",所以这里的"里"具有泛向性,意义已经模糊,仅起到标记处所的功能,句法作用是把普通名词"心"变为处所名词"心里",因此也是处所名词的构词词缀;而(3b)中的"机舱里"指的就是"机舱的内部",和"机舱的外部"相对,所以"里"在这里是有具体意义的,具有定向性,是名词附缀。由此可见,方位词具有泛向性,句法上可以被删除或被方向对立的方位词替换,如(2a)和(3a);方位词具有定向性,句法删除或被方向对立的方位词替换会导致不合法或重要语义改变,如(2b)和(3b)。

第二个表现是语音是否读轻声。结合语料调查我们发现,单音方位词用法①是否读轻声存在"四缺一"格局。"四缺一"本质上是一种"最小差别(minimal pair)"格局:在两对各自具有"是—非"两个变量所构成的四个搭配中,只有一个不存在。(陆丙甫、丁健,2016)

我们可以观察"母老虎"和"老古董"的意义和语音关系。这是两个既有本义又有比喻义的词语,一般教材只注意到第二个音节"老""古"变调,读二声。根据王永图(2015)等实际调查,"母老虎"和"老古董"取比喻义的时候还可以把"母""老"重读,并且发生变调,读成二声;取本义则不能这么读。它们的读音格局可用以下表格来表示:

	词语	本音	变音
本意	母老虎 老古董	mǔ láohǔ lǎo gúdǒng	
比喻义	母老虎 老古董	mǔ láohǔ lǎo gúdǒng	mú lǎohǔ láo gǔdǒng

由上表可以很清晰地看出,总共的可能性是四种情况,但有一种情况会缺失,这就形成了"四缺一"格局。

看下面单音方位词用法①的语料:

（4）a. 声音直透进他的脑后,他心下也不禁忐忑。(吉尔·柏奈特《奇妙佳人》)

b. 他把头放在水龙头下冲洗了足有十分钟。(莫言《酒神》)

（5）a. "你的东西掉地上了",他突然这样说。(川端康成《千只鹤》)

b. 离我们头顶上2万米的高空中,大气运动如万花筒般变幻莫测。(2003年8月《文汇报》)

（4a）"心下"中"下"和（5a）"地上"中"上"语义具有泛向性,可以被方向对立的方位词替换(如"心上""地下")而基本意义不发生改变,必须读轻声。（4b）和（5b）中的"水龙头下"和"头顶上"语义具有定向性,此处的"下"和"上"在句法上若是被删除或被方向对立的方位词替换,意义则会明显改变,语音上名词后的单音方位词可以不读轻声。"N+单音方位词"的语音四缺一格局见下表:

	词语	读轻音	读本音
语义泛向	心下 地上	xīnxia dìshang	
语义定向	水龙头下 头顶上	shuǐlongtou xia tóudǐng shang	shuǐlóngtóu xià tóudǐng shàng

轻声的四缺一格局显示,单音方位词用法①具有附缀和构词词缀的双重地位。

有些情况下,单音方位词用法①既可以理解为具有定向性,也可以理解为具有泛向性,比如:

(6)谁也看不出这块土地下曾经埋葬过一位绝代奇侠的尸体。(古龙《孔雀翎》)

其中的"下"一般读轻声,但也可以读强调重音,句法删除会使语义有所改变。这体现了单音方位词用法①双重地位,是同一个语言成分具有双重地位的体现。这样的环境就是Heine(2002)所谓的桥梁环境(bridge context)。

张谊生(2000)指出"应该将方位名词和方位词区分开来,前者仍然留在名词,后者可以归入虚词"。这种区分是必要的,本文根据其语义泛向性和语音附着性将其区分为附缀和构词词缀。作为构词词缀的单音方位词仅起到标记处所的功能,这种构词词缀是从表示处所的名词附缀经过语法化而产生的,基本途径是语义特征脱落,名词附缀的表示具体方向的[+上][+中][+里]等词汇性特征丢失,只保留[处所][+名词性]等功能性特征,从而变成标记处所的构词词缀(Chomsky,1995)。名词附缀和标记处所的构词词缀之间的差异和联系及语法化轨迹是很清晰的。

三、单音方位词前不能加"的"的理论解释

李亚非(2009)提出现代汉语方位词是从名词里分离出来的,根据运算的低费用原则,用是否用"的"区分名词和方位词,他还用英语do来类比汉语"的"的语法作用,认为二者使用都需要"独立原因",以此解释为什么单音节方位词前面不能加"的",如"*桌子的上"。

这一论证难以成立,语义为空的情态词do可以用来构成疑问句和否定句,但却不能用来构成陈述句(李亚非指出,强调句中的do与构成疑问句否定句的do不是一个语素),说明其分布受限制,所以是有标记的(marked);而汉语"的"和普通名词共现,方位词(特殊名词)前则不出现"的",因此和普通名词共现的"的"应该是无标记的(unmarked)。英语do和汉语"的"标记性特点正好相反。

本文认为汉语单音方位词具有名词附缀和构词词缀双重句法地位，单音方位词前面不能加"的"是由单音方位词的句法地位决定的。

白鸽等（2012）认为"的"是一个典型的附缀，无法充当宿主（host）。本文一方面赞成"的"可以用作附缀的观点，另一方面赞成李亚非（2009）汉语"允许连续使用附着语素"的观点，李亚非指出"两个附着语素（即附缀）不能共存，这种说法不能成立"，比如"做完了题<u>了的</u>就可以离开了"。那么"*桌子的上"为什么不能成立呢？

个别情况下单音方位词前面允许有"的"，李亚非观察到下面三句"方位词虚化程度和句子的可接受性成正比"：

（7）a.桌子的腿上有个字儿，椅子<u>的上</u>没有。

b.?西厢房的屋檐下堆了些柴火，<u>正房的下</u>还空着呢。

c.*仓库的门前是操场，<u>主楼的前</u>是花园。

（7a）方位词"上"虚化程度较高，句子合格；（7b）（7c）方位词虚化程度较低，句子不好。李亚非认为（7a）"椅子的上"是"椅子的腿上"的省略，将该结构表达为（8），并认为这样的"的""上"连用"需要严格的句法条件，即方位词前面的名词必须省略"（着重号为本文所加）。

（8）[$_{LP}$[$_{NP1}$[$_{NP2}$椅子]的 __]上]

（9）与（8）不同，（8）"的""上"连用没有问题，（9）"上"前不能插入"的"。"'上'作为方位词不容许方位短语内部的直接成分［即（9）的NP］带'的'，但无法控制非直接成分［即（8）的NP1］是否带'的'。"

（9）*[$_{LP}$[$_{NP}$桌子]的上]

（8）（9）清楚地揭示了二者的结构差异，本文提出，"的"和方位词连用并非要求结构中存在"名词省略"，同时（8）（9）的结构差异还没有真正解释为什么（8）可以接受而（9）不可接受。下面例句中"的"和方位词连用，但很难确认省略了什么名词：

（10）a.宝石衬着什么底子都不好看。放在<u>同样的颜色上</u>，倒是不错，可是看不见，等于没有了。放在<u>白的上</u>，那比较出色了，可是白的也显得脏相

了。(《读者》合订本)

b.诸位做学问,不先求其<u>大者</u>而先把自己限在<u>小的上</u>,仅能一段段一项项找材料,支离破碎,不成学问。(钱穆《中国史学名著》)

c.那两个<u>男的</u>里会不会有一个是她的男朋友?(西格尔《奥利弗的故事》)

d.在他所混过的宅门里,有文的也有武的;<u>武的里</u>,连一个能赶上刘四爷的还没有;<u>文的中</u>,没遇到一个讲理的。(老舍《骆驼祥子》)

(10a)"白的上"如果把"颜色"补进去颇显累赘,不像地道的汉语。石定栩(2009)指出"按照中国人的说话习惯,表示同一个事物的名词性成分很少会以同一个形式出现,需要再次提及时通常会采用代词,或者是没有语音内容的指代形式"。(10b)"小的"与前面"大者"平行。(10c)言语社区中"男的"与"女的"相对,已成为习用语。(10d)与前文"有文的也有武的"照应,下文"武的""文的"表达非常清晰。(10b—d)这三种情况都无法补进任何名词性成分。朱德熙(1966)指出:"在许多情况下,用省略来解释十分牵强,甚至完全讲不通。语言事实证明这个说法是站不住的。""离开了一定的语言环境和上下文,光说'红的''方的''木头的',就不知道指的是什么东西了。"似乎这些词语中有所省略,"其实完整的语言格式所表示的意念不一定是自足的。'这个东西'并没有省略什么,可是离开了一定的语言环境,我们就不知道它指的是什么'东西'"。石定栩(2009)称这种"独立'的'字结构"中"的"字之后存在一个零形式的无定代词。

本文认为,(8)(9)的对立现象,是因为两个结构对"的"后语言成分的要求不同。(8)要求"的"后的语言成分为附缀,而(9)要求"的"后的语言成分不为附缀,具有短语地位。文炼、胡附(2000)指出:"虚词的功能是连接或附着。结构助词连接修饰语和中心语,'的'还有附着作用。""的"具有附着功能,又具有连接功能;功能不同,对其后成分的要求也不相同。

结构(8)中"的"的功能为附着。例(10a)"的"附着在"白"上构成"白的",然后"上"附着在"白的"上构成"白的上"。线性上似乎"的"是宿主,其实"白的"是宿主,所以"的"和单音方位词连用也是合法的。(10b—d)

的情况与此相同。李亚非(2009)虽然否认单音方位词为附缀,但面对(8),也承认"'上'作为最具有附着语素特征的方位词,并不排斥另一个附着语素'的'",所以(8)可以接受。最典型的附缀"上"出现在(8)中接受度最高,附缀特征不典型的"下""前"出现在(8)中接受度变低。附缀在语音附着的同时,也伴随着语义虚化,这也可以解释(7a—c)所示的"方位词虚化程度和句子的可接受性成正比"的观察。

结构(9)中"的"的功能为连接,与之对立的是"桌子的上面",因此要求"的"后成分具有语音独立的特点,而具有名词附缀和构词词缀双重地位的单音方位词具有语音附着的特点,因此不合格。

从另一个角度来看,陆俭明(2003)、彭家法(2008)等提出汉语带"的"结构中,"的"对整个结构的性质起决定性作用,因此"的"为结构的功能核心。彭家法(2008)提出汉语"的"字短语可以统一到一个句法结构中,在这个句法结构中"的"对整个结构的性质起决定性作用。因此"的"能够成为一个功能中心语,具体结构如图所示。

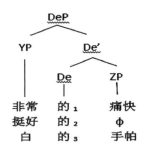

吕叔湘(1979)已经注意到偏正结构中,"大的树"可以扩展(如"挺大的一棵百年老树")而"大树"扩展受限,因而"大的树"是词组,而"大树"等组合被称为"短语词"。朱德熙(1982:148)区分"粘合式偏正结构"和"组合式偏正结构",带"的"的为组合式偏正结构,并指出粘合式偏正结构的功能相当于一个单个的词,组合式偏正结构为词组。陆烁(2017)明确指出,不带"的"的定中结构中的定语和中心语之间是"词汇性修饰"关系,而带"的"的定中结构的定语和中心语之间是"短语性修饰"关系。据此,本文认为(9)和"桌子的上面"等是短语结构。

熊仲儒(2016)指出生成语法X-结构中,核心之外的所有成分都是短语。偏正结构中的修饰语和中心语位于非核心位置,因此具有短语地位。这些位置上的成分,即使由一个实词充当,也必须投射为短语,一个证据是"桌子的上面"可以扩展为"这张桌子的上面""桌子的最上面"等。(9)"的"后成分要求具有短语地位,即使以单个词出现也投射为短语。"*桌子的上"中"的"后成分为短语,而具有名词附缀和构词词缀双重地位的单音方位词"上"等不能投射为短语,因此单音方位词占据此位置不合法。"桌子上"中单音节方位词"上"等前面不能插入"的",正是单音节方位词句法地位的体现。

四、鉴别手段的综合运用

语言成分常常具有双重地位或双重功能,因此确定语言成分的句法地位常常需要综合运用语音、语义、句法手段。单音方位词有些用法具有名词附缀的句法地位,体现了词缀和词的双重表现,就需要综合语音和句法语义特征加以研究;单音方位词的有些用法还存在名词附缀和构词词缀双重地位,则需要把语义(定向和泛向)、句法(删略、替换等)和语音是否必读轻声等综合起来考察。

现代汉语词和短语分界是语言研究的难点之一。鉴别现代汉语词和短语,还可以综合运用数量搭配、插入其他成分(如"的")、前加修饰成分等手段,比如:

(11)一张桌子腿　　　一条桌子腿　　　桌子的腿
(12)*一所校徽　　　一枚校徽　　　*校的徽
(13)*一只羊肉　　　羊的肉
(14)这张桌子上　　　*桌子的上

数量搭配和能否加"的"两个标准共同证明,(11)"桌子腿"是短语,(12)"校徽"是复合词。(13)中"羊肉"虽能插入"的",似乎是词组,但是否可靠存疑;数量搭配证明"羊肉"是复合词。陆志韦(1964)以"羊的肉"在句子里说来不顺口为由,认为"羊肉"是词。相比而言,数量搭配是一个更具操作性的鉴别手段。(14)"桌子上"不能插入"的",是因为"上"语音具有附着特征,不能投射为短语,但数量搭配证明其取宽域,因此"桌子上"是短语。

Bloomfield(1955:232)指出:"一般地说,一个复合词成员不能像短语中的一个词那样作为句法结构中的一个成分来使用。短语 black birds(黑的鸟）中的black这个词能够被very来修饰（very black birds, 很黑的鸟），但blackbirds中的复合词成员black, 就不能这样。"①

数量搭配和前加修饰成分这两种鉴别手段都以词汇完整性为依据（冯胜利, 2013: 139—154）：

（15）词汇完整性假说（Lexical Integrity Hypotheses）

词内部的任何成分不能受到短语规则的影响。

数量搭配和修饰成分都可以影响短语的成分, 不可以影响词内部成分, 因此我们可以以此为手段区分汉语的词和短语。

结语

汉语单音方位词有不同的用法, 其句法性质也有所不同。名词说和后置介词说都不能充分说明其语音附着性。附在名词成分之后的单音方位词具有语音附着性, 如果保留名词的句法地位, 句法语义取宽域, 则为附缀。附缀的语音句法错配性, 体现出词缀和词的双重特点。附在名词之后的单音方位词除了名词附缀的性质之外, 有些语境下必读轻声, 语义具有泛向性, 句法上属于构词词缀, 因此具有附缀和构词词缀双重句法地位。作为构词词缀的单音方位词仅起到标记处所的功能, 这种构词词缀是从表示处所的名词附缀经过语法化而产生的, 基本途径是语义特征脱落。"的"具有附着功能, 又具有连接功能; 功能不同, 对其后成分的要求也不相同。"*桌子的上"中"的"功能为连接, 其后成分不能为附缀, 句法上具有短语地位, 即使是一个实词来充当也要求投射为短语, 单音节方位词"上"等不能占据此位置, 是其语音附着性及其句法地位决定的。

研究显示, 需要综合运用语音、语义、句法手段区分汉语语言成分的句法地位。鉴别现代汉语词和短语, 可以综合运用数量搭配、插入其他成分（如

---

① 原文是："Generally, a compound-member cannot, like a word in a phrase, serve as a constituent in a syntactic construction. The word black in the phrase black birds can be modified by very(very black birds), but not so the compound-member black in blackbirds."

"的"）、前加修饰成分等句法手段。

汉语单音方位词性质和特点的研究对语言性质和认知机制研究具有重要理论价值，对计算机语言处理和语言教学都具有重要应用价值。

参考文献

白鸽、刘丹青等：《北京话代词"人"的前附缀化》，《语言科学》2012 年第 4 期。

Bloomfield, L: *Language*. George Allen & Unwin Ltd., 1955.（中译本，布龙菲尔德：《语言论》，商务印书馆 1983 年版。）

Chomsky, N: *Minimalist Program*, MIT Press, 1995.

冯胜利：《汉语韵律句法学》，商务印书馆 2013 年版。

Heine, B: *On the role of context in grammaticalization, New reflections on grammaticalization*, John Benjamins, 2002.

黄正德等：《汉语句法学》，世界图书出版公司 2013 年版。

李亚非：《汉语方位词的词性及其理论意义》，《中国语文》2009 年第 2 期。

陆丙甫、丁健：《"四缺一"现象的动因定位和评价——兼谈描写简单性跟解释简单性的正比关系》，《语言教学与研究》2016 年第 2 期。

陆俭明：《对"NP+的+VP"结构的重新认识》，《中国语文》2003 第 5 期。

吕叔湘：《方位词使用情况的初步考察》，《中国语文》1965 年第 3 期。

吕叔湘：《汉语语法分析问题》，商务印书馆 1979 年版。

陆志韦：《汉语的构词法》，科学出版社 1964 年版。

彭家法：《附加语的句法位置》，北京语言大学 2008 年博士论文。

彭家法：《名词附缀》，手稿待刊。

石定栩：《无定代词与独立"的"字结构》，《外语教学与研究》2009 年第 2 期。

王永图：《面向对外汉语教学的普通话上声语音研究》，安徽大学 2015 年硕士论文。

熊仲儒：《从生成语法看汉语词类研究》，《安徽师范大学学报》2016 年第 4 期。

张谊生：《现代汉语虚词》，华东师范大学出版社 2000 年版。

朱德熙：《关于〈说"的"〉》，《中国语文》1966 年第 1 期。

朱德熙：《语法讲义》，商务印书馆 1982 年版。

Ernst, T: *Chinese postpositions? ——again*, *Journal of Chinese Linguistics*, 1988（2）.

刘丹青：《语序类型学与介词理论》，商务印书馆 2003 年版。

储泽祥：《汉语空间短语研究》，北京大学出版社 2010 年版。

Li, Yan-Hui Audrey（李艳惠）: *Order and constituency in Mandarin Chinese*, Kluwer, 1990.

陆烁：《汉语定中结构中"的"的句法语义功能——兼谈词和词组的界限》，《中国语文》2017 年第 1 期。

作者工作单位：安徽大学文学院/语言学与汉语史研究中心

短时副词"骤然间"的语义、时体特征及词汇化*

李思旭　　庞金珍

摘　要　短时副词"骤然间"具有短时、突发性、夸张、变化急速而突兀等语义特征。"骤然间"主要用于现在完成体事件中,常跟非持续性动词、动态助词以及其他副词共现。"骤然间"是由双音节副词"骤然"+"间"构成,认知组块化、语义变化、隐喻和类推作用是其词汇化的主要动因与机制。

关键词　短时副词;"骤然间";时体特征;隐喻;词汇化

　　近年来,学界对双音节副词"骤然"的语义句法特征已有一些研究,如金峻铁(2007)认为"骤然"在句中主要充当状语,修饰动词性成分,也可修饰名词性结构,还可以和"间"组成"骤然间"结构;崔艳(2010)认为"骤然"主要用于书面语中,表示事件在较短的时间内发生,不可以修饰形容词,可以和副词搭配,常用于感叹句、陈述句,不用于祈使句中。但是三音节的"骤然间"还未见专文研究,通过对几本主要的词典进行查阅后发现,"骤然间"也没有被收录。相关辞书中只有对双音节副词"骤然"的解释,《现代汉语词典》(第7版)将"骤然"注释为"突然;忽然",如"掌声骤然像暴风雨响起来"。仅有张斌主编的《现代汉语虚词词典》在注释"骤然"时,提到了"骤然"也可以扩展为"骤然间"。综合以上论述,本文将利用北京大学中国语言学研究中心CCL语料库,对三音节短时副词"骤然间"的全部有效例句展开综合考察。从共时与历时相结合的角度,对"骤然间"的语义、时体特征以及词汇化历程进行详细的描写和分析。

---

*　基金项目:国家社科基金一般项目"三音节固化词语的词汇化、语法化和构式化研究"(17BYY162)。

一、"骤然间"的语义特征

(一)短时义

"骤然间"表动作行为、状态或变化所发生或完成的时间很短,可以分为客观短时义和主观短时义两种语义类别。客观短时义指变化、动作发生在客观物理范畴内的时间较短。

(1)他用双手捧住了她的头,就用自己的唇,堵住了她的嘴。新月<u>骤然间</u>停止了一切的挣扎,她的脑中一片空白,什么都不能想了。(琼瑶《新月格格》)

(2)郁晓秋顺利产下一个女婴。当听见护士报告说:是个妹妹,她<u>骤然间</u>难过起来。(王安忆《逃之夭夭》)

例(1)中,"骤然间"表客观短时义,指新月格格停止挣扎是紧接着努达海堵住她的嘴巴后发生的,两者间隔的时间非常短暂。例(2)中,郁晓秋听到医生说她生了女孩,紧接着就立刻难过了起来,前后的变化发生在间隔较短的时间里,因此这里的"骤然间"也表客观短时义。

主观短时义是指依赖人的主观意识所认为的时间较短,但实际上不一定是客观上较短暂的时间。这是人们出于表达效果的需要,心理上将事件、动作等产生变化的时间进行主观小量化的行为。

(3)今年黄河上游及其支流大量降雨,多年缺水的黄河,<u>骤然间</u>洪水满溢,黄河一些地区受到洪水的威胁。(2003年新华社新闻稿)

(4)与以往不同的是,本年度演习的参演国家由美蒙两个<u>骤然间</u>增至18个……中国和俄罗斯被蒙古邀请前往观摩。(2003年新华社新闻稿)

例(3)中,"骤然间"表主观短时义,连续缺水多年的黄河不可能在很短的时间内就洪水汹涌,说话人在主观上将其看作是在短时间内发生的场景,以此突出河道上游的暴雨量大,引起人们关注。例(4)中,往年参加演习的国家只有两个,本年度增加到18个国家,这一变化的出现仅花费了一年的时间,而一年在客观范畴上不是一个短的时间,但说话人却主观上把一年看作是短时间,带有较强的主观性,所以这里的"骤然间"也表示主观短时义。

（二）突发性

"骤然间"所修饰的动作、状态及事件往往都是突然发生，没有规划性，具有很强的突发性，令人感到出乎意料。

（5）云集在海塘上的群众活跃起来，远眺东方江天相连之处。<u>骤然间</u>，江面上出现了一条银练，横江贯穿，滚滚而来，万顷惊涛涌起层层浪。（2004年新华社新闻稿）

（6）正闹在兴头上的蒋瑞元<u>骤然间</u>挨了老丈人的一顿辱骂，直气得呆立当场，半晌说不出一句话来。（陈廷一《蒋氏家族全传》）

例（5）中，"骤然间"表示江面上出现了一条"银练"，这一场景是突然发生、没有规划的，让观潮的人都感到惊讶。例（6）中，"骤然间"表示正闹气的蒋瑞元挨骂是突然发生的，连他自己都没有料想到会发生这样的事，以致于气得说不出话。

（三）夸张义

"骤然间"表夸张义是指状态或事件变化的时间、速度等被有意夸大，有主观大量的意味。

（7）当时，突然增加的200多万朝觐者拥堵在麦加市内，大小车辆<u>骤然间</u>剧增十多倍，使车辆和人的行进十分艰难。（2004年新华社新闻稿）

（8）直到现如今，……波斯猫才总算取得了自己应有的历史地位，一跃而居众猫之首，<u>骤然间</u>变得身价百倍、有钱难求。（冯苓植《猫腻》）

例（7）中，"骤然间"表"夸张义"，说话人主观上将麦加市车辆的数量夸大，突出车辆增加所需的时间短，速度快。例（8）中，说话人认为波斯猫的价格已经今时不同往日，突然上涨了百倍甚至有钱也买不到，夸大了价格上涨之快以及地位变化所用时间之短。

（四）变化急速而突兀

"骤然间"表示动作、行为或状态的产生或变化极为迅速、急遽，令人不知所措。

（9）饭烧到一半，信子回来了，在门外听着敏雄跟菊池老婆婆讲话的声音，<u>骤</u>

然间跌到火炉里似的，全身都发烧起来，这日夜盼望的人儿呵，怎么这样悄悄地回来了呢？（1995年《作家文摘》）

（10）而今他一下子露出了这样的一副面孔，令她**骤然间**感到了恐慌，危机。方才意识到，她的一次性付出，并没有换来终生保障。（王海鸰《中国式离婚》）

例（9）中，"骤然间"表变化迅速而突兀，正在做饭的她知道信子回来了，整个人像跌进火炉似的，浑身发烫，这一变化是在信子回来的那一刻产生的，变化十分急遽迅速，同时也表明日思夜想之人的突然到来令她感到惊慌。例（10）中，"骤然间"表示从往日幸福的生活到现在的恐慌，这一变化是在他露出坏面目那一刻出现的，前后变化迅速，差异大，从而使她感到不知所措。

二、"骤然间"的时体分析

（一）"骤然间"的时体特征

通过对北大CCL现代汉语语料库中"骤然间"全部例句的分析，我们发现"骤然间"时体特征表现在其主要用于现在完成体事件中，表示事件、状态或动作行为的完成及实现。

（11）李莫愁一招"倒打金钟"，身子**骤然间**已跃出丈许之外。（金庸《神雕侠侣》）

（12）**骤然间**，所有的光芒都消失了。（古龙《小李飞刀》）

例（11）中，"骤然间"与时间副词"已"紧密共现，修饰"跃出"，表明身体跃出这一动作已经实现，属于完成体事件。例（12）中，"骤然间"修饰小句"光芒都消失了"，"消失"属于达成类动词，本身就蕴含着某种结果，即光芒不见这件事也已经完成了，同时还和表完成体动态助词"了"共现，这都表明"骤然间"修饰的是完成体事件。

（二）"骤然间"与时体成分的共现

短时副词"骤然间"的共现成分较丰富，比较有特点的是可以跟非持续性动词、弱持续性动词、完成体动态助词"了"以及其他副词共现。

"骤然间"在句中主要充当状语，其后连接的动词大多为非持续性动词，也有少部分是弱持续性动词,但他们一般不表持续而是后接补语,使其有界化,表示某种已经实现或达到的结果(可参考下表1)。

(13)柳莺的心跳骤然间停止了,像是突然间被当众扒光了衣服,浑身颤栗惊惧着赤裸。(徐坤《狗日的足球》)

(14)库勒曼的连续两次严重失误使球队士气低落,原本领先13分的优势骤然间消失得无影无踪。(2001年新华社新闻稿)

(15)"文革"初期,京西半壁店中央警卫部队某驻地,骤然间成了收押共和国元勋们的临时特监。(刘烨《周总理命令我们抢彭真》)

以上三例中"骤然间"后修饰的动词都是非持续性动词,且多是蕴含某种结果的达成类动词。例(13)中,"骤然间"修饰非持续性动词"停止",表示心跳停止已经完成。例(14)中,"骤然间"修饰达成类动词"消失",表明库勒曼的失误导致球队已有的优势已经失去。例(15)中,"骤然间"后接动词"成了",代表中央警卫队驻地成为关押元勋们的监牢这件事是已经实现的既定事实。

(16)就一般情况而言,一个普通百姓争取到去美国的机会,常常会因身上骤然间聚满了艳羡的目光而头脑膨胀,而易做出缺乏周密考虑的人生决策。(1997年《作家文摘》)

(17)我麻木了似的望着门,骤然间涌上了一大堆问题在眼前:桥拆了,她的心伤透了,再也没有和好的希望了。(邓友梅《在悬崖上》)

(18)几吨重的大石块拦在克洛德的路上,像有生命的怪物一样"骤然间吸干了几个月来支持着他的生命的那股激情"。(《读书》)

以上三例,"骤然间"后修饰的都是弱持续性动词,但不表状态或动作的持续进行,而是表实现。例(16)中,"骤然间"修饰弱持续性动词"聚",但后接补语"满"使其有界化,表结果,因此它表示动作的完成而非持续。例(17)中,"骤然间"修饰动词"涌",后接补语"上",也促进其有界化,表一大堆问题已经出现。例(18)中,"骤然间"修饰动词"吸",动词后接补语"干",表示结果,即激情已经消失。

表 1　"骤然间"与动词的共现情况

非持续性动词	弱持续性动词
停止、降临、发生、消失、听到、明白、见到、感到、看见、跌倒……	吸、撒、涌……

前面提到"骤然间"主要修饰完成体事件,因此"骤然间"也常同标记完成体的动态助词"了"共现,经统计,"骤然间"与动态助词"了"共现的例子占现代汉语语料的 51%。

(19)骤然间,我才意识到爸爸李先念已经离开我们近一年了。(1993 年《人民日报》)

(20)她穿过温室径直地向前走去,什么也望不见,什么也听不见,可是骤然间,她所熟悉的布里安小姐的耳语声把她惊醒了。(《战争与和平》)

例(19)中,"骤然间"与动态助词"了"共现,表示李先念已经去世将近一年了,该事件已经完成了。例(20)中,"骤然间"跟完成体动态助词"了"共现,表明她已经被布里安的声音吵醒。

"骤然间"可以和其他多类副词共现,主要有时间副词"就、已、便、才",频率副词"又、也",范围副词"都、只",语气副词"却、仿佛、好像"等(参考表 2)。如下:

(21)吉斯尽管第三盘开局破发球成功,但关键时分频频失误,骤然间就让卡普里亚蒂取得 5:1 的优势。(2001 年新华社新闻稿)[时间副词]

(22)这一天的经历,使父亲骤然间又老了许多。(《新结婚时代》)[频率副词]

(23)……经纪人竞价买卖的席位,乃至容量原本绰绰有余的电脑交易系统,骤然间都变得紧张起来。(1994 年《报刊精选》)[范围副词]

(24)骤然间,仿佛有两座高峰矗立在我的面前:一座是珠穆朗玛峰,一座是经济腾飞节节上长的数字山峰。(1993 年《人民日报》)[语气副词]

(25)当我听到你因心脏病突发倒在温州教育会上的噩耗,我简直不相信自己的耳朵,骤然间不由得悲泪盈眶,刷刷地流了下来。(1995 年《人民日报》)[否定副词]

表2 "骤然间"与其他副词共现情况

共现的副词类别	具体副词	数量	百分比
时间副词	就、已、便、才	8	26.67%
频率副词	又、也	4	13.33%
范围副词	都、只	4	13.33%
语气副词	似乎、却、好(像)、仿佛	12	40%
否定副词	不	2	6.67%

此外,短时副词"骤然间"与其他副词搭配使用时,总是出现"骤然间"+其他类副词的情形。我们分析这种现象的出现,可能主要受以下因素影响:1.根据张谊生(1996)、史金生(2011)的观点,各种副词连用时,一般总要遵循着某些顺序,而当时间副词与其他类副词连用时,往往时间副词会出现在频率副词、范围副词、语气副词以及否定副词之前,所以"骤然间"与上文提到的5类副词连用时,倾向于出现在它们前面的位置。2.为什么有时候同属于时间副词,而"骤然间"也往往出现于其他副词之前呢?该现象的出现可能跟副词所管辖的范围有关。"骤然间"的辖域是句子,强调句子所表示的事件发生得突然,而其他时间副词的辖域主要是谓语动词所表示的动作。因此"骤然间"倾向于出现在其他与之共现的时间副词之前。

三、"骤然间"的词汇化及其动因

(一)"骤然间"的词汇化历程

三音节短时副词"骤然间"是在双音节副词"骤然"的基础上后附"间"组成。三音节形式的"骤然间"最早出现在明代,经清代至民国发展成熟,沿用至今。

"骤"的本义是马疾步也,指马奔跑,后发展出急速、突然义。宋代,"骤"和副词词尾"然"紧密共现,副词"骤然"出现了。如:

(26)如"养气"之说,岂可骤然理会?候玩味得七篇了,渐觉得意思。(南宋《朱子语类》)

(27)和氏璧也是赵国相传以此为宝,若当时骤然被人将去,则国势也解不

振。（南宋《朱子语类》）

以上两例中，副词"骤然"表突然、忽然义。例（26）中，副词"骤然"作状语修饰动词"理会"，表示不要突然理会它。例（27）中，"骤然"修饰被动式"被人将去"，表示和氏璧被人突然拿走。由于"被动式"自带"不如意性"，加上和氏璧被拿走也是消极的，所以"骤然"用在表消极意义事件的句子中。

元代，"骤然"在句中仍旧充当状语修饰VP，但我们检索后发现"骤然"在元代的使用频率不高，这可能与元代杂剧的广泛流传有关。元杂剧虽属于文艺语体，但要求内容更加口语化，而书面色彩浓郁的"骤然"较少使用在口语中，因此使用频率不高。

（28）我们与你骤然相会，大哥就这般见爱，给茶饭吃，怎么敢怪呢！（元《老乞大新释》）

明朝，"骤然"用例增多，后接内容也更丰富，不仅有"骤然"+VP，还可以位于句首修饰多个小句，但句法位置不能进行"位移"。

（29）县官恐怕那饥民饿得久了，乍有了新麦，那饭食若不渐渐加增，骤然吃饱，壅塞住了胃口，这是十个定死九个的。（明《醒世姻缘传》）

（30）骤然一队人马到来，飞旗彩耀，宝驾相连，将跨银鬃之马，浑如璧玉麒麟。（明《隋唐野史》）

例（29）中，"骤然"修饰"吃"，后接补语"饱"，使得表弱持续性的动词"吃"有界化，代表吃的结果。例（30）中，"骤然"位于句首，修饰其后的几个小句，并且"骤然"的位置不能位移到小句后，否则就改变了句子的表达效果。

同一时期，三音节的"骤然间"首次出现，但仅此一例。如例（31），"骤然间"表"突发义"，作句首状语，修饰其后的小句。

（31）骤然间城门下大喊竞起，关防、张实等大兵争入。（明《续三国演义》）

清代，"骤然间"的使用频率变高，语义也更丰富，除了"短时突发义"，还出现了"对比义"，以此突出语义焦点。"骤然间"只能出现在句首，其后接成分也发生了变化。

（32）列位，夹棍这宗刑法，若是将人夹死，骤然间一松，人就缓不过来了。（清

《三剑侠》）

（33）老头子十几年不出山，<u>骤然间</u>出山，连东南西北都辨不过方向，在树林内绕了半宵，也没绕出碧霞山。（清《三剑侠》）

例（32）中，"骤然间"表"短时突发义"，后接"一V"结构短语"一松"。例（33）中，"骤然间"修饰动宾短语"出山"，表"对比义"，将出山前和出山后进行对比，以突出句子焦点，即老头子出山后的窘境。

民国，短时副词"骤然间"的用法，已经很成熟了，如例（34）（35）。就在这时，"骤然间"拓展为四音节形式的"骤然之间"，表示在很短的时间之内，在句中可以充当状语以及插入语。例（36），"骤然之间"和频率副词"又"紧密共现。例（37）（38）中，"骤然之间"充当句中插入语，并且不能移动其位置。

（34）<u>骤然间</u>听了，所以不能了解，但是也不好诘问。（民国《侠义英雄传》）

（35）宏系皇室介弟，位虽隆重，材实平庸，<u>骤然间</u>手握兵符，身为统帅，看官试想，能胜任不胜任呢！（民国《南北史演义》）

（36）但是<u>骤然之间</u>，又不好就走，他便眉头一皱，计上心来，当下假装失足跌地，连连喊着哎唷哎唷不休。（民国《大清三杰》）

（37）张恂说到此地，<u>骤然之间</u>，咳嗽起来，脸色不觉跟着红涨。（民国《大清三杰》）

（38）后主连连招手，叫她过来，哪里知道，<u>骤然之间</u>，黑云涌起，将日光遮住，闪电如金蛇一般，在黑云里面，乱窜乱射。（民国《宋代宫闱史》）

经过分析，我们认为短时副词"骤然间"是由副词"骤然"+"间"构成，其至早成词于明代，成熟于清代，民国后被大量使用。

（二）"骤然间"词汇化的动因与机制

1.认知组块化

陆丙甫（1986）指出，人脑在理解句子时，为了减少记忆上的负担，会选择一边听一边及时处理，将能组合在一起的尽量组合在一起并且当成一个整体去理解。董秀芳（2011）认为当两个在线性序列上紧邻共现的词经常出现在一起时，语言使用者可能会把它们视为一个整体，而不再分析其内部结构，这将缩短或消除它们之间原本的语法距离,最终发展成新词。短时突发义副词"骤然间"就是在这种认知心理组块化的作用下产生的。宋代,副词"骤然"出现,在句中常表短时义和突发义,且多充当状语,构成"骤然+VP"结构。明代,随着"骤然"的发展成熟以及人们实际语用表达的需要,三音节形式的"骤然间"开始紧邻共现。"骤然间"在句中充当状语修饰VP,语义上发生了变化,表示事件或动作发生的一瞬间,具有了强化瞬时性的特点。伴随使用频率的不断增加,"骤然间"被人们看作一个词。

2.语义变化

董秀芳(2011)指出,词汇化产生的条件之一就是语义上必须有一些转变。张旺熹(2012)也认为词语虚化应当遵循"语义相宜性"原则,即一个成分的原始词汇意义制约着这个成分的语法化方向。三音节副词"骤然间"的词汇化过程就遵循了以上两条原则。首先是语义上的变化。"骤然"在明代开始和表强化瞬间性的类附缀"间"共现,词义有了新的发展,主要用来强化时间发生在一瞬间,即时间极其短暂。因而双音节副词"骤然"虽然可以表示短时突发义,但不具备三音节副词"骤然间"强化瞬间性的显著功用。

其次是"语义相宜性"。双音节副词"骤然"主要表示某段时间内发生了某种事件或状况,倾向用于时间范畴,语义上具有[+时间]的特点。词汇化后的三音节副词"骤然间"也表示某段时间内发生的动作或状况,侧重用于时间域。不过它所强调的时间更短,即一瞬间,语义上也具有[+时间]的特征。由此可见,表时间范畴的"骤然"制约着三音节副词"骤然间"发展的方向,使其仍然在时间范畴内进行演变,这正体现了"语义相宜性"原则。

3.隐喻

赵艳芳(2001)认为,隐喻就是从一个认知域向另一个认知域投射的过程,即把抽象的事物用人们所熟悉的相对具体的事物表示出来。陆俭明(2009)从激活的角度指出,隐喻是一个认知域激活另一个认知域,是由一个认知域联想推知另一个认知域。"骤然间"词汇化过程中,隐喻发挥着重要作用。"骤然"本是指事件发生得非常突然,随着使用频率的增加,它发展出了表示事件发生在某个时间段内的用法,通过隐喻它顺理成章地拥有了短时义特征。随着"间"的语义虚化以及隐喻机制的作用,"间"由空间域(即表示某一空间范围内)投射到某一时间段内,时间用法得到凸显,而后"间"的时间用法又进一步发展,演变为强化瞬间性的后附成分。明代,"骤然间"出现,它是在"骤然"和"间"表时间用法成熟后形成的,这都得益于隐喻机制的作用。因此,我们可以看出"间"的虚化对"骤然间"语义演变的作用是十分重要的,"间"在经历了由空间域投射到时间域之后,再在时间域内发展成熟,这是"骤然间"得以词汇化为新词的关键。

4.类推作用

石毓智(2006)将类推概括为"一个句法规则的扩展",并指出在语法化初期,类推主要是诱发或制约语法化的过程或方向;而在语法化后期,类推主要表现为新语法形式对不规则现象的规整。Harris & Campbell(1995)认为,类推是一个语法格式表层形式的变化,不会马上带来深层结构的改变,它是对已形成的句法规则的推广和应用。宋代,一批表突发义的形容词或副词类"X然"词语出现了后附"间"表强化瞬间性的用法,经过发展演变,该用法逐渐成熟稳固。于是,在类推机制的作用下,更多的"X然间"类词语出现。在这种形式的影响下,明代,短时副词"骤然间"产生,最终经过不断发展演变而沿用至今。

结语

我们主要从三音节短时突发义副词"骤然间"的语义、时体特征以及历时演变角度出发,探讨了它的特点。语义上,"骤然间"具有[+短时][+突发][+变化突兀][+夸张]等特征。时体上,"骤然间"主要用于现在完成体事件中,不能用于进行体和经历体事件;它常常和非持续性动词或部分弱持续性动词、动态助词"了"以及时间、频率等副词共现。历时演变方面,"骤然间"是由双音节副词"骤然"+"间"组成,最早成词于明代,成熟于清代,民国后被大量使用,在认知组块化、语义变化、隐喻和类推机制的共同作用下完成了词汇化历程。

参考文献:

崔艳:《汉韩表"突发"义时间副词对比研究》,延边大学 2010 年硕士论文。

董秀芳:《词汇化:汉语双音词的衍生和发展》(修订本),商务印书馆 2011 年版。

金峻铁:《"X然"类短时义副词研究》,延边大学 2007 年硕士论文。

陆丙甫:《语句理解的同步组块过程及其数量描述》,《中国语文》1986 年第 2 期。

陆俭明:《隐喻、转喻散议》,《外国语》2009 年第 1 期。

史金生:《现代汉语副词连用顺序和同现研究》,商务印书馆 2011 年版。

石毓智:《语法化的动因与机制》,北京大学出版社 2006 年版。

张斌主编:《现代汉语虚词词典》,商务印书馆 2001 年版。

张旺熹:《汉语口语成分的话语分析》,北京语言大学出版社 2012 年版。

张谊生:《副词的连用类别和共现顺序》,《烟台大学学报》(哲学社会科学版)1996 年第 2 期。

赵艳芳:《认知语言学概论》,上海外语教育出版社 2001 年版。

中国社会科学院语言研究所词典编辑室编:《现代汉语词典》(第 7 版),商务印书馆 2016 年版。

Harris, Alice.C.& Lyle Campbell: *Historical Syntax in Cross-linguistic Perspective,* Cambridge University Press (1995).

作者工作单位: 李思旭　安徽大学文学院/语言学与汉语史研究中心

庞金珍　复旦大学中文系

人工智能新闻与传统新闻的情感表达比较研究*

——以Giiso写作机器人为例

刘心羽　万　敏　田立宝

摘　要　文本情感分析一直都是自然语言处理的焦点和难点,在此背景下,人工智能新闻的情感表达效果受到越来越多人的关注。本文尝试从语言学视角出发,通过主流媒体新闻与人工智能新闻的对比,探究二者情感表达的特点与差异,并结合文本情感分析技术现阶段的发展状况,为人工智能新闻情感表达效果的优化提出建议。

关键词　人工智能新闻;文本情感分析;语言对比;Giiso写作机器人

21世纪以来,情感表达在新闻创作中的重要性日益凸显,创作者和读者都不再一味地追求新闻立场的绝对客观,而是将更多的注意力转移到新闻传递出来的情感力量之上,这种新闻文本中"理性－感情"二元对立结构瓦解的过程,被称作"情感转向"。[①]当下,无论是主流媒体,还是自媒体,都将实现情感转向作为数字时代下新闻创作实践的一个重要目标,力求运用合理的情感表达策略,达到丰富读者情感体验、指引读者价值取向、增强读者文化认同的目的。在此背景下,人工智能新闻与主流媒体新闻在情感表达层面的对比毫无疑问将成为二者对比研究中重要的一部分。

一、人工智能新闻概述

机器写作是一项利用算法将目标数据通过自然语言生成的方式输出为文

---

*　基金项目:国家级大学生创新创业训练计划项目"语言学视角下自动化新闻与传统新闻的比较研究"(202210357155)。

① 蔡雯、周思宇:《主流媒体新闻传播的情感转向与风险防范》,《中国编辑》2022年第10期,第4—8页。

章的人工智能技术。近年来,机器写作在新闻领域得到广泛应用,慢慢走进大众视野,其生成的新闻被称作"人工智能新闻"。2010年起,美国就已经有多家新闻媒体开始利用人工智能撰写新闻报道;2015年9月10日,腾讯财经利用Dreamwriter撰写并发布了国内第一篇人工智能新闻《8月CPI同比上涨2.0%,创十二个月新高》;目前,已经有新华社、腾讯新闻、今日头条等多家媒体利用人工智能在体育赛事报道、财经报道以及自然灾害报道等领域进行写稿、校对和刊发。①

除了主流媒体自主研发和使用的写稿机器人外,近年来还出现了一些供全平台用户使用的写作机器人,如Giiso写作机器人、写作猫、Get写作等。作为本文研究对象的Giiso写作机器人,以"让写作更简单"为研发目标,目前已经在媒体、广告、汽车、金融、营销等领域投入应用,智能语义的识别度达到了92.67%,为中文领域同类算法中最高。它在全网范围运用大数据技术内爬取热点话题,以自然语言处理算法技术为支撑,根据主题生成底稿,并自动关联相关素材,提供智能化审核辅助,帮助用户进行扩写、改写、校对和查重,力求实现文章的丰富化、立体化、规范化,提升写作效率。

二、词语修辞手法运用中的情感色彩差异

(一)运用比喻带来的情感色彩差异

新闻文本中情感色彩的体现,很大一部分以使用词语比喻义为实现手段。试看以下几组句子:

(1)主流媒体:北京时间20日下午,2022东亚杯进行第一场角逐,中国女足2:0战胜中国台北女足,迎来开门红。(2022年7月20日,人民网《中国女足2:0胜中国台北女足 迎东亚杯开门红》)

人工智能:最终,中国女足凭借张琳艳的进球2:0击败中国台北女足,赢得了本届东亚杯的开端。(本文中所有人工智能新闻语料皆生成自Giiso写作

---

① 蒋枝宏:《传媒颠覆者:机器新闻写作》,《新闻研究导刊》2016年第3期,第46、75页。

机器人）

（2）主流媒体：凭借队长波普的两粒入球,德国女足在 27 日进行的欧洲女足锦标赛半决赛中以 2∶1 击败法国队,将在决赛与东道主英格兰队争夺本届赛事的桂冠。(2022 年 7 月 29 日,新华社《德国队挺进女足欧锦赛决赛》)

人工智能：德国女足将与英格兰争夺最终冠军,决赛场地为温布利大球场。

（3）主流媒体：我们敦促美国国会一些人认清台湾问题的重要敏感性,认清"台独"分裂行径的严重危害性,停止在台湾问题上打牌、挑衅,停止对"台独"势力的纵容支持,停止任何玩火行径。(2022 年 7 月 27 日,京报网《外交部：若美方一意孤行,挑战中方底线,必将遭到坚决反制！》)

人工智能：因此,按照中国国防部先前的说法,"我们必须采取强有力的措施来挫败任何外部干预和'台独'分裂图谋。"

以上三组语例中,虽然主流媒体新闻和人工智能新闻表达出来的意义是相似甚至相同的,但在表达方式上,前者倾向于使用具有比喻意味的词语,后者则选择平铺直叙。(1)(2)两例比较类似,都是通过使用词义中比喻义项来表达情感：例(1)中,《人民日报》在介绍中国女足获得了东亚杯首场比赛的胜利时使用了熟语"开门红"。"开门红"意为"在一年开始或一项工作开始时就获得显著成绩",与女足东亚杯首场比赛获胜相应。人工智能新闻则直接说"赢得了本届东亚杯的开端","开端"意为"开始,发端,事情的起头",缺乏积极情感的融入。对比之下,显然是前者更加凝练精确,在表达喜悦的同时,也对中国女足后续的比赛寄予了一定的期望,即希望中国女足能将胜利一直延续下去。例(2)与例(1)类似,面对英格兰女足与德国女足争夺欧洲杯冠军这一事件,主流媒体在表达"冠军"时选择了"桂冠"一词,体现出夺得欧洲杯冠军的无上荣耀；人工智能则直接叙述了英德两国女足争冠的客观事实。

例(3)与上述两例之间存在一定差别,因为主流媒体使用"打牌"一词是为了对美国在台湾问题上秘密策划、里应外合的行径进行形象化的概括,进而用更加平实易懂的语言向大众阐明美国当局行为的性质与特点,暗含谴责的情感。"打牌"的基本意义是"玩纸牌,用纸牌消遣或赌博",其具体意义有赖于具体语境,属于词语的比喻用法,并非像"开门红"或"桂冠"一样已经成为约定俗成的表达习惯。这是一种相对复杂的词语比喻义使用,倾向于"隐喻",所传递出来的情感也更加微妙含蓄。

（二）运用拟人带来的情感色彩差异

有的词语中带有拟人色彩,拟人手法的使用可以让表达丰富化、描写形象化、语言简练化,进而推动情感表达向更加立体的方向迈进。因此在新闻报道中,也常常出现具有拟人意味的词语。试看下面几例:

（4）主流媒体:让很多患者忽视的是,糖尿病也对眼睛的危害极大,会慢慢"偷走"视力。这个"小偷"被称之为"糖尿病性视网膜病变",简称"糖网"。（2022 年 11 月 11 日光明网《警惕糖尿病"偷走"你的视力》）

人工智能:糖尿病视网膜疾病是由糖尿病引起的视网膜微血管疾病。这是糖尿病微血管病变在眼底的表现。

（5）主流媒体:乘汽车时遭遇龙卷风尤其危险,龙卷风不仅可以将沿途汽车和人吸起"吞食",还能使汽车内外产生很大气压差,从而引起爆炸。（2021 年 6 月 2 日新华社《遭遇龙卷风,我们该咋办?》）

人工智能:哈尔滨尚志市长寿乡和河东镇的一些村庄遭到龙卷风袭击,房屋和电力设施受到破坏,大树折断导致道路交通阻塞。

（6）主流媒体:敦煌画师坚信只有被看到,技法被传承,敦煌壁画才能继续"活"下去。（2022 年 11 月 1 日京报网《〈敦煌如是绘〉:一群人,一件事,坚持了近三十年》）

人工智能:几代敦煌人默默地守护着,继承和弘扬了敦煌文化。

上面三组例句共同体现了新闻写作中使用拟人化的词语所带来的表达效果的提升。例(4)在说明糖尿病对患者视力的影响时,没有选择"降低视力""损害视力"等传统搭配,而是青睐具有拟人意味的"偷",使表达富于变化,让读者有眼前一亮的感觉;相比较而言,人工智能在同一个问题上选择了直接陈述糖尿病视网膜的定义,表达虽然富有科学性,但略显冰冷,无法达成"有温度的科普"的情感目标。例(5)中的两个句子都摘自与龙卷风这一自然灾害有关的新闻报道,并且都将重点放在对龙卷风危害的阐述上。人工智能新闻选择了"袭击""破坏"这两个在自然灾害报道中常见的词语,可见人工智能的表层语义学习已经发展到了比较高的阶段,能够把自然灾害类型与相应的常见表达进行匹配,完成新闻撰写;新华社则利用具有拟人意味的"吞食"一词,刻画出龙卷风来袭时的速度之快、危害之大,在实现灾害场景形象化的同时自然地流露出来了人们面对灾害时恐惧无助的心理,也传递出新闻撰写者对自然的敬畏和对受灾人民的同情与关切。与之类似的是,在例(6)中,主流媒体巧妙地运用动词"活"表达出在敦煌画师的努力下,敦煌壁画被传承、被熟知的结果,自然流露出对敦煌壁画重新焕发生机的期待与喜悦;人工智能则直接使用"继承""弘扬"等词语,没有明确的感情倾向。

由以上语例不难发现,人工智能在分析语境、识别情感和确定用词的识别上还不够成熟,因此合理使用具有修辞意味的词语来使情感表达更加生动具体在现阶段还比较困难。这与文本情感分析现如今的发展程度有关。文本情感分析指的是对含有情感信息的文本数据进行分析、处理和总结的过程[①],目前主要应用于舆情监测、企业营销等领域。提升文本情感分析的技术水平,可以为人工智能新闻助手的写作提供强大的学习数据库。中文文本情感分析的方式经历了基于情感词典进行分析、基于机器学习进行情感分析和基于深度学习进行情感分析三个阶段。[②]当下讨论度最高、操作效果最好的当属第三种,其主要途径是通过深度学习模型抽取文本的深层次语义表征,进而获得上下文信息,完成文本情感倾向的识别。该模式大量吸收了英文文本情感分析的成熟经验,但中英文之间存在的固有差异导致迁移效果不甚理想。为了解决这一问题,近年来有学者提出知识与数据协同驱动的情感分析策略,虽然在一定程度上提高了人工智能的情感识别能力,但依然面临着过分关注文本本身导致背景

---

① 顾艳:《基于深度学习的文本情感分析研究》,江南大学 2022 年硕士论文。
② 刘圣洁:《基于深度学习和多特征融合的文本情感分析研究》,吉林大学 2021 年硕士论文。

信息搜集不足、表达模糊或歧义、对一词多义理解不够准确等问题。[①]

　　想要解决这一问题,除了技术层面的革新之外,还有赖于对中文自身特点的分析。上文已经提及的刘忠宝等人(2022)的研究提出,文本情感分析可以以部首特征为切入点,例如,含有竖心旁和心字底的汉字往往都与情感表达有关,将这部分字进行向量化表示和特征提取,有利于提高文本情感分析的精确度。除此之外,董婧等人(2022)[②]采取提取描述某一事件高频词,并将高频词进行排序,最后对排序结果进行分析的方法来建立文本情感分析数据库。这些研究毫无疑问对文本情感分析技术的进步提供了大量有益经验,但都过度关注了字词本身,忽视了语境对语义的影响力,人工智能想要在新闻撰写领域达到更高的水平,还需要注重文本学习过程的升级。

　　瑕不掩瑜,总体而言,人工智能可以使用基本的、常见的词语来形成与比喻化或拟人化词语内涵相似的表达,在语义和语法层面可以达到新闻创作的基本要求。

三、熟语运用中的情感色彩差异

　　熟语是语言中的固定词组,往往具有表达精炼、生动形象、使用频率高等特点。现代汉语的熟语系统包括成语、歇后语、惯用语等小类。其中,成语和惯用语在新闻中比较常见,下面将从这两个角度探究主流媒体和人工智能撰写新闻时在熟语使用方面的差异及其带来的情感表达区别。

(一)成语运用带来的情感色彩差异

　　(7)主流媒体:编剧宋方金生动地将网络数据比喻成汽车的后视镜,数据只能看到行业曾经走过的路,一味地依赖数据只能拾人牙慧。(2022年11月11日澎湃新闻《"环球银幕之窗"专项活动,助力金鸡奖国际化》)

---

① 刘忠宝、王宇飞:《知识与数据驱动的多粒度中文文本情感分析》,《计算机工程与应用》2023年第15期,第177—185页。

② 董婧、范全润、张顺吉:《突发重大公共卫生事件情境下的微博文本情感分析》,《内蒙古师范大学学报》(自然科学汉文版)2022年第5期,第489—510页。

人工智能:当前,全球数字浪潮正在汹涌澎湃。中国影视产业如何稳定潮流,走具有中国特色的数字化之路,彰显中国文化和展示中国表达?

（8）主流媒体:银杏披金的园博园遇上国风霓裳,汉服达人将带领游客穿越古今,形成一道赏心悦目的移动风景线。（2022年10月31日中国新闻网《好戏连台不散场 中国戏曲文化周将举办约400场活动》）

人工智能:秋天的园博园充满了银杏的金色,森林被染成鲜艳,游客观众在山水之间"沉浸式"露天观看表演,粉丝们粉墨登场参加演出……

（9）主流媒体:23日下午,记者驱车从北向南沿着印度尼西亚万丹省的西部海岸前往万丹省板底兰县和西冷县灾区,一路见到的是遍地狼藉。（2018年12月24日新华社《海啸把这里的繁华热闹一扫而光——印尼海啸灾区现场见闻》）

人工智能:震中位于东努沙登加拉省弗洛勒斯岛东北部112公里处,震源深度为12公里。在地震发生后半小时内,该机构报告了两次震级分别为5.6级和5.5级的余震。地震及其海啸造成2000多人死亡。

例（7）（8）都是主流媒体运用成语实现立场明确和情感表达的体现。例（7）中主流媒体通过具有贬义色彩的"拾人牙慧"清晰地表示了对电影行业过度依赖数据的批判,相反,人工智能只是提出了与影视产业数字化有关的问题,缺少立场。例（8）中主流媒体使用成语的目的是发挥主观评价的作用,表达对园博园景色和活动的肯定情感,引起读者对戏曲文化周更加浓厚的兴趣。对比而言,人工智能也有景物描写和活动介绍,在一定程度上也传达了对戏曲活动周的期待,但缺少对情感更加直接的表达,使读者难以第一时间捕捉。

例（9）中的两句均摘录自有关自然灾害事件的新闻报道,可以发现,人工智能和主流媒体所撰写的自然灾害类新闻关注点不同,前者将新闻重点放在灾情介绍之上,用具体的地理位置和数据向读者说明灾害发生的地点以及灾害带来的伤亡损失情况;后者则聚焦自然灾害之下人的生活与心理状态,文字中寄托着强烈的情感。例如,主流媒体新闻中出现的"遍地狼藉"一词常用于形容乱七八糟、混乱无序的状态,词本身就已经附带了一定色彩,表达了对这种混乱状态的震惊,进而延伸出对受灾人民的怜悯,在阅读体验上有身临其境之感。对比之下,人工智能在自然灾害新闻的情感表达上就显得单薄很多,将灾难情况量化叙述不能达到新闻的人文关怀目标。

人工智能也并非不会使用成语,如例(8)中的"汹涌澎湃"和例(9)中的"粉墨登场"等。但人工智能使用成语的目的多半是描写、修饰、叙述,并非用成语表达特定的思想感情倾向。成语是中文特有的语言文化现象,因此,国内许多借鉴国外研究成果而生成的文本情感分析模式并不能适用于成语。在此背景下,有学者提出对更长的文本进行语言建模,提高分词的精度,同时引入字词在古汉语中的意义,提升机器阅读理解的准确性[①],进而为提升成语的文本情感分析效果服务。但这种模式或许无法解决人工智能撰写新闻时使用有情感色彩的成语的困难,因为它着重解决的是机器能否正确学习和理解成语的内涵进而正确使用成语的问题,并非识别成语情感倾向并加以运用的问题。

(二)惯用语运用带来的情感色彩差异

作为熟语系统下另一个重要的分支,惯用语的使用也能带来情感色彩的变化,下面几例共同说明了这个问题:

（10）主流媒体:江苏常州的汪荣庆在老年大学报了书画、文学等课程,"活到老要学到老"。(2022年11月7日新华社《透视老年大学报名火热》)

人工智能:为了进一步满足老年人多样化和多层次养老服务的需求,提高老年人的获得感和幸福感。昨天上午,吉林省社区老年大学在长春市成立。

（11）主流媒体:政府在对芯片这类高科技行业进行引导时,非常缺乏相应人才,因此很难给出合理的市场定价,这才让许多投机者钻了空子,损害了芯片行业生态。(2020年10月23日中国青年报《防止芯片项目烂尾 别让投机者钻空子》)

人工智能:华为事件引发的"芯片之死"确实使我们的中国人意识到了不足。在技术关键阶段,需要顶尖的技术团队协作工作。

---

① 李想:《中文成语表征学习及其应用》,北京交通大学2021年硕士论文。

（12）主流媒体：新能源汽车发展前景广阔，除了要在关键技术上取得重大突破、在安全水平上实现全面提升，售后服务和保障更不能"掉链子"。（2021年6月11日人民网《人民财评：新能源汽车售后服务不能"掉链子"》）

人工智能：有必要抓住机遇，发展新能源汽车售后服务规范，及时进行充分的市场研究，努力提高整个行业的售后服务水平。

在以上三例中，主流媒体在进行新闻撰写时都通过运用惯用语来表达情感倾向：例（10）的"活到老要学到老"展现出作者对老年人热爱生活、终身学习的赞美与提倡，同时也能反映出老年人对生活的热情；例（11）和例（12）中的"钻了空子""掉链子"则传递出负面的思想色彩，体现出对错误行为的否定甚至谴责。人工智能则铺陈事实或相关文件条款，做到了"讲清楚事情"，而非"讲好事情"，集中体现了其对信息的捕捉搜集能力，展现出人工智能新闻信息量丰富全面、叙述客观，但缺乏情感立场表达的特点。

四、新词语的运用差异

不同文化的交融、语言使用的简便趋向以及网络等新兴媒介的繁荣导致越来越多的新词语开始被人们创造和使用。随着时间推移，其使用范围不断扩大，逐渐由日常交际领域延伸到新闻领域，能够在新闻中使用合适的新词语，不仅可以使语言更加生动有趣，也有助于以简练的方式传递情感。新词语已经被主流媒体广泛使用，但人工智能由于无法准确识别新词语中隐含或引申出的新义，理解其中的感情倾向，对此应用较少。由新词语使用带来的情感表达问题自然而然应该被纳入主流媒体新闻与人工智能新闻的对比研究中。具体来说，新词语又可以分为两个小类：一是以固定形式出现的、意义也相对固定的新词语；二是根据语境和语用需要临时创造和使用的新词语。下面将就以上两个小类在新闻创作实践中的运用进行对比。

（一）以固定形式出现的新词语

（13）主流媒体：伴随着直播带货乱象迭起，"翻车"不断，产品质量良莠不齐、售后服务缺位、维权困难等痛点问题也层出不穷。（2022年11月10日澎湃

新闻《"双十一"倒计时！中消协紧急提醒》)

人工智能：直播带货中，一些商人玩着"先涨后降"，借助促销机会以表面利润出售，但实际目的是清理库存，甚至销售有质量问题的产品。

（14）主流媒体："刷手机的林黛玉""山楂果子帐篷""柿柿如意"，这些产品包装上"出圈"的元素都来源于祥禾饽饽铺第四代传承人对于文化传承的定义。（2022年11月7日新华网《精益求精｜极致技艺让宫廷饽饽飘香百姓家》）

人工智能：一方面，它将生产红枣阿胶蛋糕等现烤产品，此外还将在商店中推出消费者共同创造的新产品。

（15）主流媒体：版权保护有力，网络文化产业发展才会给力。从实践看，网络版权产业的快速发展推动了文化产品质量的有效提升。[2021年7月14日环球网《版权保护有力　网络产业给力》（人民时评）]

人工智能：知识产权保护就是创新。网络版权产业的快速发展促进了文化产品质量的有效提高，促进了文化产品的有效提升。

以上每一组语例中主流媒体与人工智能表达的都是同一个主题，但二者却采取了不同的方式来传递信息。如例（13）两个句子的中心思想都是表达在直播带货时一些商家的商品或服务会出现各种问题，主流媒体使用了"翻车"这一新词语："翻车"原义指车辆翻覆，在新时代被引申出事情中途受挫或失败之义。该词本身包含的就是贬义的情感倾向，此处更是含有一种嘲弄的意味，充分表现出作者对这些商家行为的不满和批判，同时也对商家敲响警钟——只有认真做好产品和服务，才不会"翻车"。人工智能则选择将客观事实具体阐述出来，态度较为平淡，未能把握新闻的思想内涵，即没有体现出对直播带货中不良行为的赞成或否定的情感选择，无法激起读者共鸣。例（14）中，对于祥禾饽饽铺创新产品包装获得了大众认可这一事实，人工新闻使用"出圈"一词，生动地表现出祥禾饽饽铺产品的受欢迎程度以及对其创新行为的赞赏和肯定。进一步表达了作者希望业界能向其学习，推陈出新，促进文化传承的美好期望。而人工智能在此只将祥禾饽饽铺的新产品铺陈开来，既没有突出祥禾饽饽铺创新产品包装的意义，也没有表达自己的情感或观点，新闻内涵稍显空洞。例（15）中，"给力"是中国北方的土话，表示给劲、带劲的意思，一般理解为有帮助、有作用、给面子。"给力"一词本身便带有强烈的肯定色彩，在此处主流媒体又注入了自己的情感——突出强调了知识产权对于网络文化产业发展的重要性，使得新闻价值立场更为鲜明，直接有力地表达出对国家重视产权保护行为的肯定。人工智能没有对新闻进行深度解析，仅将自己搜集到的信息罗列，"促进"等词也无法体现感情倾向，对于产权保护的意义缺乏深层次的情感理解，感染力较弱。

（二）临时出现的新词语

有些时候，由于语境或语用需要，新闻撰写者会利用谐音、借用、简缩、仿拟等方式创造新词语。① 这些新词语往往没有独立的意义，离开了语境，人们就不清楚它的词义，但在具体语境中，它可以很好地传递意义与情感。

（16）主流媒体：李某听到有如此"好"的条件，心动不已，不仅一口答应了朱某的要求，还拉来自己的同事雷某一起参与这份颇具"钱途"的事业。（2021年5月18日光明网《美女老板卷款去了哪里？办案人发现"案中案"》）

人工智能：雷某和李某配合腾某财务人员罗某的其他人通过银行大额现金取款，大量转账以及同柜存钱等方式将上述非法集资转移给了朱某。

（17）主流媒体：最近热播的反腐大戏《人民的名义》中，侯亮平从赵处长的别墅中搜出2亿多元现金，"面币思过"的画面至今让人过目难忘。（2017年4月17日《中国青年网"亿元贪官俱乐部"又添新人　谁最先实现一亿小目标？》）

人工智能：贪官赵德汉在《人民的名义》中"小官巨贪"，尽管他戏份只有两集，但网友称赞："每一帧表情和动作都是教科书般的演技！"

（18）主流媒体：作为有声阅读的细分领域，广播剧被称为有声书"2.0版本"，因内容生动、情感共鸣强，让听众"声"临其境，市场需求日益增加。（2022年7月25日人民日报《今天，你用耳朵追剧了吗？》）

---

① 林界军：《基于语料调查和语言对比的网络新词语造词方法研究》，华东师范大学2005年硕士论文。

人工智能：广播剧是一种用声音来塑造听觉图像的戏剧艺术，可以充分展现语音艺术的魅力，给人们更多的想象空间并增强观众的沉浸感和参与感。

临时性词语对于语境具有很强的依赖性，如果在不了解上下文的情况下，会产生一定的模糊性和情感不明确性。如例(16)中主流媒体使用的"钱途"，单看这一个词语无法判断其情感倾向，但结合具体语境后不难体会出该词的讽刺含义：李某通过为朱某洗钱获得大量钱财，是不正当、非法的途径，主流媒体通过将"前途"中的"前"临时改造为"钱"，是一种明显的反讽，充分发挥了文字传递精神力量的特性，表明了自己的价值立场，对读者起到了警示作用。人工智能则仅仅是陈述了雷某和李某洗钱的具体行为，导致语言较为平淡，情感稍显淡薄。例(17)与例(16)情况较为相似，人工新闻同样也运用了临时性新造词来表达讽刺的情感，但在该新闻中"面币思过"一词还起到了压缩和简化信息的作用——将人工智能中关于赵德汉在家中藏有两亿多现金的描述仅用这一词来概括，与人工智能形成鲜明对比。创造性地、有新意地生成词语体现了人类高层次的认知能力与创新能力，这是人工智能目前所不具备的功能。例(18)中主流媒体通过将"身临其境"中的"身"替换为"声"，生动形象地凸显出广播剧的最大优势和特色，明显传达出对广播剧未来市场的乐观态度。人工智能仅是给广播剧下了一个定义，未能将广播剧在读者脑中具象化，同时它侧重于大架构的描写，没有深入剖析广播剧具体的特点，情感表现力弱，传达力不足，对广播剧的情感态度不甚清晰。

五、人工智能的情感表达

虽然人工智能新闻在情感表达方面目前还有很大的提升空间，但有些时候，它也能通过一些常见的手段来表达特定的情感倾向，例如：

(19)人工智能：尽管由于很多原因在留洋后期基本上没有比赛，但作为"全村希望"的武磊已经尽力表现出中国球员的能力，并在留洋期间获得了很多经验。

(20)人工智能：随着北半球逐渐接近一年中最热的季节，加上今年气温异常升高的影响,许多欧洲国家正在经历高温"烤"测试。

（21）人工智能：应用特殊债券作为项目的资本制度将发挥"四两拨千斤"的作用。

在上面几个例句中,人工智能通过对熟语及网络新词的运用,在一定程度上实现了情感表达。"全村希望"表现出对武磊留洋的看法,以及对于他对中国足球发展重要性的肯定,既使用了新词、热词,也合理运用引号起到强调作用;高温"烤"测试生动体现了对北半球夏季高温严峻和罕见程度的震惊;"四两拨千斤"则点明了应用特殊债券这一制度的精妙之处。概括来说,人工智能现阶段可以使用的新词或熟语具有常见、固定的特点。前者指词语已经有了比较大的传播范围,在很多场合都有出现;后者指词语常常以固定形式出现,不富于形式变化,在句子中充当的语法成分也相对一致。

另外一种表达情感的方式是使用引号。引号有表达特殊含义、突出强调、表达讽刺等功能,如上文中已经出现过的例(13)在形容商人的行为时用了"玩"这个动词,此处的"玩"是戏弄、玩弄的意思,含有强烈的贬义色彩,凸显出部分商家的狡猾和奸诈;例(20)中的高温"烤"测试也是用引号来增强表达效果。人工智能现在还不能运用复杂的修辞手段,但通过已经学习过并有能力使用的词语或标点符号使用规则来进行情感传递,也可以实现新闻写作情感转向的目标。

如果想要优化人工智能使用新词语的效果,可以从学习库中涵盖的语料的特点出发。首先,用于人工智能新闻写手学习的语料可以适当向主流媒体倾斜。目前,许多研究者在建立机器学习语料库时,会选择在微博、豆瓣等抓取文本,因为社交平台上表达情感、态度和观点的内容比较多,可以为机器情感识别提供海量学习材料。但与此同时,网络语料往往呈现出口语化的特点,具体表现为用词随意、短句居多、结构松散,不利于实现新闻撰写的书面化,导致人工智能新闻的部分表达不合规范。其次,在进行文本信息抓取时,可以考虑联系上下文进行组合抓取。以上文所提到的"开门红"为例,"北京时间 20 日下午,2022 东亚杯进行第一场角逐,中国女足 2：0 战胜中国台北女足,迎来开门红"一句中，"第一场"和"战胜"是使用熟语"开门红"的两个条件，而其他使用到"开门红"的语料，基本上在前文中也都出现了类似字眼。因此，机器撰写新闻的过程中可以增加"转化"的环节，即检索到初步撰写的语句有几个语素同时出现时，自动转化为已经学习过的熟语。另外，机器学习可以遵循由浅入深的规律，先从"开门红""桂冠"等情感倾向相对固定的词语开始，在熟练掌握了这些词语之后，再考虑"打牌"等情感色彩复杂含蓄的词语。

结语

即使存在情感表达，如今人工智能新闻的情感表达效果要远远落后于主流媒体新闻也是不争的事实。需要说明的是，具有修辞色彩、附带情感态度的词语并非新闻内容的必要因素。主流媒体新闻中，即使是在相似语境下，也不乏和人工智能新闻一样简单直接的表达。因此，虽然现阶段人工智能在创作新闻过程中运用高级词语的能力还比较有限，但能做到表意清晰、准确，就已经满足了新闻创作的基本要求。想要进一步提升词语使用或情感表达的精度，还需要等待文本情感分析技术的优化提升。而对于经济数据、疫情报道、禁航范围等本就没有情感色彩的新闻内容，人工智能不仅撰写速度快，而且数据呈现准确、语言表达规范，在效率上领先于主流媒体。因此，把人工写作与机器写作相结合，发挥各自优势，取长补短，或将成为新闻界发展的新方向。

作者工作单位：安徽大学文学院/语言学与汉语史研究中心